# 北京工业文化创意产业研究

于 隽◎著

中国传媒大学出版社
·北京·

# 前　言 >>

工业是人类现代文明的发动机。工业在为人类社会创造巨大物质财富的同时，也创造了丰富的精神财富。工业的物质和精神创造与其他文化类别一样，都是人类社会宝贵的财富，是人类社会进步的重要标志，是人类智慧高度发展的结晶。

作为祖国首都的北京，在其宽广厚重的文化版图中，工业文化是不可或缺的重要组成部分。从城市发展历史来看，北京有着 3000 多年的建城史和 800 多年的建都史，北京近代工业的发展起步于清光绪九年（1883 年），在新中国成立初期"要把首都建设成具有一定规模的现代化工业城市"的目标下，北京兴建了大批工厂，尤其是在"一五""二五"时期建设的众多企业，规模大、质量好、种类多，具有独特的工业景观风貌。北京焦化厂、首钢建材化工厂、首钢特殊钢有限公司、首钢二通厂等都是这一时期的代表企业。1979 年，北京重工业总产值的比例高达 63.7%，居全国第二位，北京成为重工业占主导地位的城市。到 20 世纪末，北京已有工业企业 3 万余家，其中大中型企业 500 余家，北京成为一个产业齐全、在全国工业生产以及工业科研等方面具有举足轻重地位的重要城市。

进入 21 世纪以来，随着技术和产业的升级，作为首善之区的北京在发展观念方面发生了重要的转型，特别是凭借 2008 年奥运会的契机，北京加快了城市环境治理的步伐，向宜居型城市大踏步迈进。为了实现绿色北京的发展理念，北京的工业职能开始弱化，一大批在北京城市发展和工业发展过程中发挥过重要作用的工业企业开始退出北京城区，如首钢向河北曹妃甸的大规模搬迁。与此同时，城市工业遗产的改造与保护成为北京城市建设的重要问题。毋庸置疑，工业是北京重要的物质构成和精神底色，保护和利用好现存和遗留的北京工业资源关乎北京经济与文化的双重发展。而依托北京成熟的文化创意产业优势，将工业资源进行文化创意产业的转化，不仅是对城市发展历程的深刻记录，更有望构成首都新的文化风景。

## 一、研究对象及目的

### （一）研究对象

本研究以北京工业资源的文化创意产业转化为研究对象。工业资源的文化创意产业转化是指，利用现有工业资源，如厂房、技术、生产情景、企业发展故事等进行文化产业的改造利用，以创意点亮冷硬、“见物不见人”的工业概念，通过文化生动的展示和体验功能，实现工业资源与大众生活的亲切对接，让陌生和孤独的工业资源拥有独特的文化产品基因，旨在实现促进工业企业发展、促使工业遗产枯木逢春、提高文化创意产业经济效益、更新城市面貌、优化城市环境等多赢局面。

### （二）研究目的

工业资源的文化创意产业转化不仅可以将城市发展过程中工业

文明最具表现力的篇章以通俗的方式示人，更可以将一些拥有重要的历史文化价值并行将从城市中消失的工业文化遗产价值予以最大化的保留，而工业文化产业这一带给大多数人陌生化、神秘化审美价值及知识结构拓展的产业类别也将成为城市一张新的文化名片。

文化创意产业需要文化资源，文化资源主要包括物质类的文化资源和精神类的文化资源。工业资源的文化创意产业转化利用，不仅要关注工业物质资源，更应当关注工业精神资源。工业精神作为工业发展的思想基础和精神动力，是包含着合作精神、契约精神、效率观念、质量意识等丰富内容的文化体系。工业发展离不开人的创造，工业发展又是为了人类生活的进步，因而工业精神资源的人文内涵应当是工业精神的核心。本研究以人文内涵为重点，从该角度出发盘点北京工业文化创意产业现状，并针对其现存问题提出相应的发展对策。

## 二、相关研究成果

### （一）国外研究成果

国外相关研究成果主要有两类可以借鉴：工业文化研究和工业遗产研究。

其一，工业文化研究。国外关于工业文化的研究文献并不多，相关涉及 Industry Culture 的研究，基本都是把 Industry 视为行业，比如 Pizm、Pine 和 Mok（1997）对日本、韩国与中国香港地区的 192 家酒店经理开展研究，分析国家文化对酒店经理的管理者行为影响是否超过酒店行业文化，以及个人工作价值观是否对管理者行为有决定性影响，其 Industry Culture 主要指行业文化，并不特指工业意义上的文化。

但 Industry Culture 的概念具有指导意义，它囊括了整个人类社会在实现工业化进程中不断积累下来的物质财富和精神财富的总和,是各行业优秀企业文化的概括与结晶。

其二,工业遗产研究。国外工业遗产研究在欧洲、美洲(主要为美国、加拿大)、大洋洲、亚洲(主要为日本)均有发展,但主要集中在欧洲地区,涉及英国、西班牙、法国、比利时、瑞典、荷兰等国,其中以对英国工业遗产的研究最为突出,数量最多,内容也最丰富。从内容上看,国外工业遗产研究主要涉及以下几个方面:一是工业遗产的管理及利用研究;二是工业遗产的保护研究;三是本国工业遗产的研究;四是工业遗产与博物馆的研究。

其中工业遗产中的"工业人文精神元素",在多部成果中有所体现,为本研究提供了重要的理论启示以及案例参鉴。如刘会远、李蕾蕾的专著《德国工业旅游与工业遗产保护》就详细地介绍了德国工业文化创意产业演化的过程与发展状况,并指出,"体现深厚的人文内涵"如"劳工神圣传统""职业精神和劳动伦理""技术哲学"是德国工业文化产业的重要特征。

### (二)国内研究成果

国内研究成果主要有三个方面可以借鉴:工业文化研究、工业文化产业研究、北京工业文化产业研究。

其一,工业文化研究。工业文化有着丰富的内涵,学者张心昊从精神文化的角度认为,敢为人先的开拓精神、重视科技的创新精神、开放吸纳的进取精神、脚踏实地的务实精神、为国分忧的兼济精神、勇往直前的奋进精神等是工业文化的主要内涵。学者王正林认为,工业文化不仅指工业社会的精神生产,也不只是工业社会的物质生产,而是包括物质与精神财富的方方面面以及社会发展与进步的水平。从哲学和人类社会发展的视野解读，工业文化的核心是不同于农业社会的意识形态，即工业社会的价值观念、思维方式和行为准则以及与此相适应的制度和组织体系。它反映的是一定的工业时代以物质生产为基础的上层建筑。国内关于工业文化研究主要有三个方面：工业文化遗产保护、工业文化教育和工业文化资源的有效利用。

国内学者对工业文化的界定，强调人的精神要素在工业文化中的重要意义，为本研究提供了理论启示。

其二，工业文化产业研究。近些年，国内工业文化产业研究渐成热点。研究主要有两大类：第一类为基础理论研究，如张京成、刘利永、刘光宇的《工业遗产的保护与利用："创意经济时代"的视角》，李炯华的《工业旅游理论与实践》对工业文化产业的兴起、概念、特征、管理等进行了描述。第二类是案例介绍分析，如王明友、李森炎的《中国工业旅游研究》以案例分析的形式对国内具有代表性的工业文化产业品牌案例予以介绍，并指出了目前存在的问题。这两类研究有一个共同特征，就是将工业文化产业的研究，置于对"工业遗产"的研究之上，呈现了对欧美研究的继承特征。上述研究为本研究提供了更加细化的理论视野以及研究的国内现实背景。

其三，北京工业文化产业研究。对于北京的工业文化产业研究近年来呈现活跃趋势，其中既有对北京近现代工业资源的梳理，又有对北京工业与文化产业互动的现状盘点，还有对北京品牌工业企业文化产业实践进行的介绍和经验总结。代表性成果如李志英、宋健的《北京工业遗产研究》，马朝军的《发展中的北京文化产业调查与研究》，蒋金洁、刘光宇的《后工业时代北京市发展文化创意产业的新路径》等。这些研究多以"798 艺术区""751 园区"为例，学者们从园区的诞生背景、品牌策略、运营机制、文化价值、发展模式等诸多角度进行了详细分析。上述成果为本研究提供了重要数据及思维方式，并进一步确认了本研究的价值和意义。

## 三、研究内容和方法

本研究主要包括七个章节。

第一章，北京工业发展史与北京的工业文化，在梳理北京工业的产生与发展历史足迹的基础上，对北京工业文化的独特属性进行总结提炼。第二章，北京工业资源文化创意产业转化，从城市更新、工业企业发展的角度，以文化产业为方略，提出对工业资源进行保护和再利用的现实意义，并指出人文内涵在北京工业文化创意产业发展中的价值。第三章，北京工业文化创意产业的现有模式，对北京现有的工业文化创意产业转化的模式进行总结。第四章，北京工业资源文化创意产业的人文内涵，以798艺术区、北京现代汽车、龙徽酒厂等工业企业的文创转化为例，分析核心理念、品牌精神及其运行情况，并针对存在的问题作出评价，提出发展建议。第五章，国内工业文化创意产业的人文内涵及其呈现参鉴，以国内工业文创相对成熟的鞍钢集团博物馆、中国煤炭博物馆、中国工业博物馆等为例，总结其可为北京同类设计示范的宝贵经验。第六章，工业美学对工业文化创意产品创造的启示，针对文化产品具有审美性的特征，从工业美学内涵的角度分析工业影视作品如何提升其审美性。第七章，首钢园区的人文内涵挖掘与文化创意品牌发展建议，通过梳理首钢工业文化产业资源，挖掘其人文内涵，尝试为其提供品牌创意的构想。

本研究依照“提出问题—分析问题—解决问题”的逻辑思路进行，具体方法如下：

**（一）调查法**

通过问卷调查和走访工业文化园区等方式，进行实证调查研究，使课题研究具有针对性和可行性。

**（二）文献法**

将国内外文化创意产业研究的相关理论与北京的工业文化创意产业发展的具体实践结合起来，使研究观点新颖、结论准确。

**（三）综合分析法**

借鉴传播学、文化学与经济学等方面的理论知识，理清理顺北京工业文化创意产业的问题及发展方向，使研究既具有理论高度，也具有实践价值。

# 目 录 Contents

# 第一章
# 北京工业发展史与北京的工业文化

北京工业发展历史悠久，工业资源类型丰富，北京工业不但引领、促进着城市的进步，而且始终是这座城市发展生生不息的动力源和不可替代的能量。北京的工业文化与北京工业发展相伴而生，它是北京文化的重要组成部分，既是对工业发展的科学肌理的反映，又有着鲜明的首都地域特征，并以强大的辐射力影响和渗透在北京城市发展的方方面面。

## 第一节　北京工业发展的历史足迹

### 一、近代北京工业的发展历史

北京这座古老的城市，是元明清三朝的古都。早在元朝，京西就已经有了手工采煤业，明代初年，官营手工业发展起来。

北京的近代工业起步于 19 世纪 70 年代，“1872 年宛平县商人段益三在门头沟创办通兴煤矿，开始安装机器提升设备，可视为北京近代工业开始的标志"①。清光绪九年(1883 年),清政府在京西三家店创办了为军械服务的神机营机器局。"该局的创立引进了晚清北京最大的一批机械设备,开启了体系化机器生产的大幕。其生产能力与技术水平较仅利用蒸汽进行取水、提升作业的通兴煤矿进步巨大。神机营机器局也因此成为北京早期工业化的历史见证和标志。"②1904 年,清政府在京创立高等实业学堂,意在促进工业的发展。工业教育的启动为工业的发展提供了宝贵的技术人才。清末新政时期,北京的电力、供水、机械工业、印刷工业、纺织工业都有一定程度的发展。在电力方面,北京是中国近代史上较早使用电力的城市;在机械工业方面,1897 年后,为了京汉铁路的通行,北京又建立了长辛店机车厂、长辛店电器修缮厂等。

经过晚清几十年的发展,北京近代机器工业从无到有,民国初年工业门类逐渐增多,"但是,北京工业的门类仍然多局限在轻工业,如面粉、纺织、火柴、工艺等行业,需要一定高端设备和技术要求的机械工业和化学工业等行业依然十分薄弱"③。其后,经过十几年的发展,北京的重工业有了一定的起色。1919 年 8 月,华商电灯公司——中国第一家纯粹的民营资本电力企业在北京西郊广宁村新建石景山发电厂,至 1927 年,北京华商电灯公司已成为华北最大规模电厂之一。1919 年,北洋政府以"官商合办"名义兴建龙烟铁矿及石景山炼铁厂,该工程为北京工业化以来单笔投资规模最大、生产系统最为庞杂的工业项目。进入 20 世纪 30 年代,北京近代工业出现了一段短暂的发展,"九一八"事变时,一部分爱国人士抵制日货,重视发展民族工业。

---

① 李淑兰. 北京近代工业的产生和发展[J]. 北京师范学院学报(社会科学版),1991(3):71 - 77.

② 李志英,宋健. 北京工业遗产研究[M]. 北京:北京师范大学出版社,2018:100.

③ 李志英,宋健. 北京工业遗产研究[M]. 北京:北京师范大学出版社,2018:115.

这时期创办了一些新工厂，比较典型的有1933年汪传夫建立的燕京造纸厂。

1937年日寇占领北京后，北京的近代工业进入了殖民地时期，日伪在京投资工业企业的目的完全是为了掠夺北京的工业资源，“以战养战”。例如，1939年7月26日，日本北支开发株式会社接管龙烟铁矿，将其改名为龙烟铁矿株式会社，并于1940年在宣化建炼铁东厂（现第二炼铁厂），1942年建炼铁西厂（现第一炼铁厂），建小高炉15座。与此同时，北京原先的民族工业也遭受到重创。在困难时期，“北京的一些民族工厂主和广大职工竭力争取生存与发展。例如，双合盛啤酒厂①虽然营业日趋不振，幸赖全厂职工用心合力，力求厂业之不散。”②

抗战胜利后，国民政府从日伪手中接受了大量的工业企业，但是，在改建企业的过程中，贪腐的国民党政要趁机大发“接收财”，还变卖了不少产品和设备，致使北京地区工业建设基本处于停滞状态。

综上，从近代工业的发端到北京和平解放的前夕，北京工业已有百余年的发展历程，但发展速度较慢，波折较多。“简陋的厂房、落后的设备、低下的生产水平、畸形的产业结构——这就是近代北京工业发展的最终结果，也是当代北京工业发展的全部物质基础。”③

## 二、新中国成立后北京工业的发展概况

新中国成立初期，大工厂成为衡量现代化的一大标准。在全国工

---

① 双合盛啤酒厂（现为北京双合盛五星啤酒厂），创建于1915年，位于广安门外旧观音寺，是北京第一家啤酒厂，也是京华生产名优啤酒的老字号企业。由张廷阁（华侨商人）、郝升堂集资创办，两人为图财源茂盛，定名为“双合盛”。

② 李淑兰. 北京近代工业的产生和发展[J]. 北京师范学院学报（社会科学版），1991(3)：71－77.

③ 李志英，宋健. 北京工业遗产研究[M]. 北京：北京师范大学出版社，2018：150.

业化的背景下，北京的工业样板也迅速建立起来。人民当家作主使工人阶级迸发出空前的劳动热情，从北平和平解放到1952年年底，北京工业职工队伍增长了近一倍。①

1953年，随着第一个五年计划的开展，北京制定了“由消费城市向生产城市转变”的战略目标。在这一政策的指导下，“一五”期间，北京地区累计完成工业投资9.5亿元，超过近代北京工业化80年的总和，全市新建工业企业41个，改扩建工业项目329个。② 1956年10月，北京电子管厂建成投产，这是中国第一座现代化的电子元器件厂，改变了中国电子管依赖进口的局面，北京也成为全国电子工业的中心。以北京东郊三大纺织厂为主的轻纺工业区完全形成，北京由此成为新中国五大棉纺工业基地之一。

1958年，北京建设进入第二个五年计划时期，在此期间先后兴建的工业项目800余个，重型机器厂、化工二厂、橡胶厂、制药厂等拔地而起。在能源方面，华北重要能源基地——京西矿务局完成了旧井改造；在电力工业方面，中国第一座大型热电厂成立；在冶金工业方面，石景山钢铁公司建立了炼钢车间，使其成为钢铁联合企业……总之，“一个涉及冶金、机械、建材、纺织、轻功、化工、电子、仪表等诸多门类的现代化工业企业基地雏形已经显现”③（如表1.1）。

从和平解放到改革开放的30年间，北京工业企业发展到3746个，“重工业总产值的比例高达63.7%，居全国第二位，北京成为重工业占主导地位的城市”④。

---

① 中国人民大学工业经济系. 北京工业史料[M]. 北京：北京出版社，1960：9.

② 中国人民大学工业经济系. 北京工业史料[M]. 北京：北京出版社，1960：10.

③ 李志英，宋健. 北京工业遗产研究[M]. 北京：北京师范大学出版社，2018：155.

④ 蒋金洁，刘光宇. 后工业时代北京市发展文化创意产业的新路径[J]. 科技智囊，2012(8)：60-69.

**表1.1　20世纪80年代全国主要工业产品排名中，北京名列前茅的工业产品类型①**

| | 类型 | 排名 |
|---|---|---|
| 1 | 合成橡胶、塑料、乙烯、冰箱 | 全国第一 |
| 2 | 铁矿石、家用洗衣机、电子计算机 | 全国第二 |
| 3 | 发电设备、呢绒、毛线、汽车、焦炭、彩色电视机 | 全国第三 |
| 4 | 铸铁、内燃机、录音机、合成纤维 | 全国第四 |
| 5 | 钢材、机车、缝纫机、啤酒、家具 | 全国第五 |
| 6 | 钢、手表、塑料制品、甲醇、收音机 | 全国第六 |
| 7 | 机床、日用铝制品、合成洗涤剂、皮鞋、中成药 | 全国前十 |

## 三、当代北京工业的转型变革

工业的快速发展为北京的现代化建设奠定了坚实的物质基础，也构成了北京城市的文化内涵，深深地影响了北京的历史走向。但是，北京的工业在取得了辉煌成就的同时，也存在一系列问题。例如，随着生产规模的逐步加大，环境污染问题逐渐突出；工业生产导致资源供应不足，甚至濒临枯竭等。北京工业发展至20世纪80年代已经走到历史转折的关头，改革和战略调整已经不可避免。

1983年，国务院批复的《北京城市建设总体规划方案》明确指出："北京是中国的首都，是全国的政治中心和文化中心，是世界著名的古都和现代化国际城市。"该方案还提出："要建立社会主义市场经济体制和运行机制，按照首都特点调整产业结构，集中力量发展高新技术产业；调整工业结构布局，重点发展电子、汽车工业，积极发展机械、轻工、食品、印刷等行业，冶金、化工和建材工业要严格控制发展规模，防

① 李志英，宋健. 北京工业遗产研究[M]. 北京：北京师范大学出版社，2018：158.

止和治理工业污染,大力发展远郊工业,逐步改变工业过分集中在市区的状况。”

1984 年,北京颁发了《关于对污染扰民企业搬迁实行优惠政策的通知》,对污染企业搬迁实行税收、贷款等优惠政策措施,开始了北京工业的“大搬迁、大关停”。“到 1990 年,全市共搬迁治理 171 家工厂,北京城市的污染状况得到初步改善。与此同时,北京工业结构的布局也发生了显著变化,市区新建工业得到控制,远近郊工业发展迅速,而且随着北京城市‘科技兴工’新技术改造与‘节水节能’的发展,工业生产值增长了 1.6 倍,水能耗却减少了 1/3。”①

1993 年,北京市政府再次获得国务院对《北京城市总体规划(1991 年—2010 年)》的批复:“突出首都的特点,发挥首都的优势,积极调整产业结构和用地布局,促进高新技术和第三产业发展,努力实现经济效益、社会效益、环境效益的统一。”1995 年为推进企业技术进步和促进产业结构调整,北京正式出台了《北京市实施污染扰民企业搬迁办法》,结束了“原规模”搬迁模式,确立了搬迁与调整相结合的思路。同时,北京提出工业结构调整“五少两高”(能耗少、水耗少、物耗少、占地少、污染少和附加值高、技术密集程度高)和“退二进三、退二进四”(退出第二产业,发展第三产业;退出二环路,迁至四环路以外)的原则,调整北京市的工业结构布局,以解决污染扰民问题。

进入 21 世纪,北京开始了新一轮的城市总体规划修订,并于 2004 年得到批复执行。2001 年北京成功申办夏季奥运会,进一步加大了北京工业结构布局调整力度,加快了东南郊工业区、石景山工业区的调整与搬迁,北京城市环境得到极大改善。

---

① 王军. 北京市国民经济和社会发展计划大事辑要(1949—1990)[M]. 北京:北京出版社,1991:463.

2006 年,北京市政府建立文化创意产业促进中心,开始加快文化创意产业的发展建设,“798 艺术区”“酒厂 · ART 国际艺术园”等工业资源的文化创意产业转化案例,为北京工业用地调整提供了新的思路。

而今,北京是全国的文化中心,也是全球的宜居城市,文化创意产业的发展规模和速度都居于全国首位。北京城市产业结构转型升级遗留下来的工业遗产的保护与利用问题,一直是北京市政府和社会各界所关注和重视的。《北京市保护利用工业资源,发展文化创意产业指导意见》《北京市关于推进工业旅游发展的指导意见》《北京市工业遗产保护与再利用工作导则》等文件的出台,将北京市工业遗产开发和工业旅游开展工作放在了突出的位置。

今天,虽然代表着昔日辉煌的机器大工业渐渐淡出了公众的视野,但是,北京工业发展的壮美历史依然深深地印刻在城市的灵魂当中。工业遗迹与现在依然存在和发展的工业企业共同构筑了北京的物质和精神财富,也共同传承着这座城市的文脉和辉光!

## 第二节　北京工业文化的内涵与属性

工业文化是人类在工业化进程中创造的独特财富,是人类创造和提炼的文化价值观念的集合。它往往与特殊的时代、特定的人物和特色的行业活动密切相关。北京的工业文化既有工业文化的一般属性,也有北京历史、文化、性格的印记,具有独特的“北京性”。

## 一、工业文化的基本含义

文化是一种社会现象，是人们长期创造形成的产物，同时它又是一种历史现象，是社会历史的积淀物。工业文化作为文化的子集，是人类在工业化进程中创造的财富。自 18 世纪中叶人类开启工业文明以来，工业文化应运而生。工业文化“与工业生产活动相伴而生，与工业化过程相伴而存，在所有工业生产活动的时间、空间之内都会有其身影，它是贯通时空、普遍地和永恒地存在的东西”①。

工业文化包含着工业发展中的物质文化、精神文化和制度文化（也有研究称为“行为文化”②）。在其形成、传播、发展过程中，工业文化通过物质环境、精神产品、文化活动，政府、企业等不同类型的载体，发挥着引导和保障工业生产活动的作用（如图 1.1）。

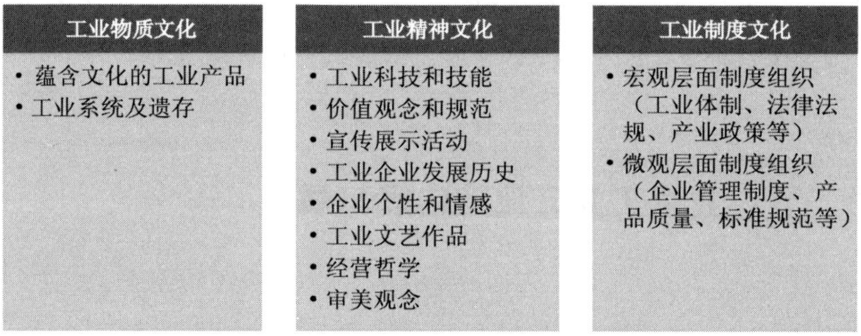


**图 1.1 工业文化的体系架构**

工业文化是自然科学和社会科学、人文艺术和工业科技的结合，具有跨学科、交叉性等特征。尽管物质载体在工业发展的构成中占据

① 王新哲，孙星. 工业文化[M]. 北京：红旗出版社，2016：34.

② 刘光明. 工业文化[M]. 北京：经济管理出版社，2015：27.

了重要位置，但是工业文化不同于自然科学，工业文化的研究指向更多的是工业中的文化现象而不是自然现象，是人化物而不是自然物。具体来说，工业文化以工业社会中，工业与文化交叉融合后产生的现象、行为以及产生和发展演变的规律为研究对象，发现工业化进程中出现的客观规律，揭示工业生产过程中人的自身发展与完善的过程，以及工业化社会中，人的本质力量对象化的确证。因而，在工业文化的构成中，工业精神文化是工业文化中的核心内容。

工业精神文化不同于一般的精神文化，在工业精神文化中，“工业价值观”为其精髓。它是一个群体在工业生产活动中形成的信念、观念、思想等理性的体系。比如，“鞍钢宪法”是毛泽东对鞍山钢铁公司在探索中国特色社会主义道路上关于企业管理模式的创举的肯定，它的核心内容是“两参一改三结合”。其中蕴含的民主思想、对人价值的肯定以及对传统分工理论的突破等对当前以公有制为主体的中国特色社会主义企业管理思想有重要的启示作用。再如，“三老四严”是大庆石油职工在会战时期诞生的一种作风与精神，在规范人们的思想和行为、端正工作态度、强化担当意识、提高管理能力等方面都发挥着积极的作用。

工业精神文化也渗透在工业物质文化当中，“生产者在创造工业物质或精神产品的同时，也在产品里物化自己，就如工匠倾注自己的心血完成一件作品一样，这件作品不仅体现了工业的社会本质，而且在一定程度上融入了自己的个性。就这个意义而言，人的每一件工业产品都有文化的内涵”①。

在工业社会中，工业文化也是当仁不让的主流文化，它是工业社

① 王新哲，孙星. 工业文化[M]. 北京：红旗出版社，2016：42.

会、工业时代受到倡导的、起着主要影响的文化,深刻地影响着社会的发展和进步,也深深印刻在人们的精神生活和行为方式当中。此外,工业文化还具有地域性、时代性和发展性等特征。从地域性来看,任何工业文化都是由某一具体的国家或地域创造的,因而带有鲜明的地域性。地域性决定了工业文化的个性或特色。从时代性和发展性来看,工业文化在不同的自然、历史和社会条件下会形成不同种类和模式,同时,随着生产力和新技术的发明,工业文化也会不断地积累和发展。在每一个时代,工业文化都会展现出新的特征,焕发出新的魅力和光彩。

## 二、北京工业文化的独特属性

北京工业文化是北京城市文化的重要组成部分,它不但引领、促进着城市的进步,而且始终是这座城市发展生生不息的动力和不可替代的软实力。北京工业文化的形成与北京这座城市的昨天和今天密不可分,因此北京工业文化具有历史特殊性、区位特殊性、时代特殊性,呈现出丰富厚重的精神文化内涵。

其一,北京工业文化具有抵御列强的爱国主义精神基因。

与西方相比,中国属于后发型工业化国家,加之西方帝国主义、资本主义的掠夺和压迫,中国近代的工业基础薄弱,水平低下。但是,近代北京的工业发展依然饱含着抵御欺凌、爱国奋斗的精神因素。北京最早的近代工业——神机营机器局诞生时,创办人醇亲王奕譞打出的旗帜就是“拱卫京师,以开风气”;詹天佑主持修建京张铁路,更是突破了英俄帝国主义的重重干扰,希望找回中华民族的尊严。虽然处于半殖民地半封建社会之下的洋务派发展工业的根本目的是巩固清王朝的统治,他们"既是近代工业的创办者,又是这些工业的摧残者"①,但"反抗外来侵略、实现中华民族的独立富强是近代以来所有中国人面临的历史使命,每个阶层都需要对此给出回答。而这正是中国工业遗产的精神蕴含与西方工业遗产不同的主要根源之一……它彰显的中国早期工商业创新精神的最高目的是实现民族独立和国强民富"②。

抗日战争爆发后,抗战救国的思想也深入工人阶级,他们在中国共产党的领导下,以实际行动抵御外侵,展现了强烈的爱国主义精神。例如,1938 年 6 月,按照中共中央将党的城市工作重点放在工厂、矿区的指示,中共北平党组织派遣党员进入石景山钢铁厂、发电厂,建立了石景山发电厂第一个党支部,这也是石景山地区第一个中共基层党组织。1938 年夏,石景山发电厂党支部秘密成立了工人救国会,在工人中宣传抗日救国的革命道理,为争取工人利益作斗争。1941 年春,日伪当局要求电厂职工每户每月交 1 元 7 角税金,党组织发动职工采取集体请假的方式开展抗税活动,伪电业公司深恐大批工人请假影响生产,决定由电厂代交税金,抗税斗争取得了胜利。1942 年 7 月,石景山钢铁厂第一炼铁炉结硫,日本监工逼迫中国工人冒着高温入炉扒料,当场烫死 5 人、重伤 18 人,同时还降低工人工资,激起工人极大愤慨。在中共党员王长林的带领下,全体土建工人罢工,迫使日方答应了工人的要求。1944 年 7 月,日本政府为战争需要,指令钢铁厂开展"特别加强生产旬",要求日生产铁达到 380 吨。中共党员组织工人针锋相对地开展抵制活动,采用各种灵活方式使当局生产计划破产。这些工人的行动显示了北京工人阶级的伟大力量,展示了北京工人阶级的爱

① 李时岳,胡滨.洋务派与近代工业[J].山东师院学报(哲学社会科学版),1979(6):33 -41.

② 李志英,宋健.北京工业遗产研究[M].北京:北京师范大学出版社,2018:251.

国热忱,也为以后工人阶级的反抗斗争树立了榜样。

其二,北京工业文化饱含为人民解放而奋斗的革命力量。

近代以来,中国人民在遭受外敌侵略的同时,还受到来自封建地主阶级和封建官僚资产阶级、军阀势力的压迫。为了民族的解放,为了人民能够当家作主,中国人民进行了不屈不挠的斗争。在这其中,接受了马克思主义先进思想武装的北京工人阶级的身影赫然在列。

1919 年五四运动后,具有共产主义先进世界观的知识分子看到了工人阶级的伟大力量,决心到工人中去,走与工人运动相结合之路 。1920 年 1 月,在革命先驱李大钊的影响和指导下的青年知识分子,纷纷深入人力车工人居住区了解工人群众的生活。同年 3 月,李大钊、邓中夏、高君宇等人在北京大学成立了"马克思学说研究会",派学生到矿区向工人宣传马克思主义,开展工人运动。"马克思主义和工人运动的早期结合,使北京成为中国共产党的主要发源地之一,成为党早期开展工人运动的基地之一。"①

"1921 年中国共产党成立后,中共北京地委在知识分子中大力发展党员,同时更加重视依靠工人阶级的力量,注重在工人群众中发展党员。1921 年秋,中共长辛店机厂党小组成立,翌年改为中共长辛店机厂党支部,是北京地区最早的党的基层组织之一。1925 年,中共西直门火车站党支部成立。以后,前门火车站党支部、永定门车站党支部、南口特别支部、门头沟特别支部先后成立。"②为了更好地动员和领导工人群众开展斗争,中国共产党还组建了中国北方劳动组合书记部。自 1921 年下半年起,中国共产党领导了以争取工人经济权益为

① 皑峻. 解放前我党领导下的北京工人运动[J]. 工会博览,2011(7):48-51.

② 中共中央组织部,中共中央党史研究室,中央档案馆. 中国共产党组织史资料(第一卷)[M]. 北京:中共党史出版社,2000:26-42.

目标的铁路罢工，如京奉、京汉、京绥的铁路罢工。这些罢工体现了工人阶级力图改变苦难境遇的革命精神。其中，京汉铁路工人大罢工是中国共产党领导的第一次工人运动高潮的顶点。虽然罢工在北洋军阀的残酷镇压下最终以失败告终，但它进一步显示了中国工人阶级团结的力量，扩大了共产党在全国人民心中的影响。“在此后的岁月里，北京工人阶级以京汉铁路工人大罢工彰显的革命精神为榜样，在中国人民争取解放的艰难岁月里进行了前仆后继的英勇斗争。”①

北平和平解放前夕，国民党北平政权加紧破坏北平的工厂、学校、机关。工人通过各种方式进行了保卫家园、迎接解放的斗争。地处西郊的石景山、门头沟等厂矿是北平最重要的工业设施。石景山钢铁厂接到国民政府“设备南迁的密令”后，地下党员王长林、白振东一面向中共中央华北局报告，一面带领广大职工保护工厂。工人、群众紧密团结，拒绝拆机器，拒绝做包装箱，拒绝搬运，日夜守护在机器旁。石景山发电厂地下党员王志恒等采取秘密与公开相结合的方式开展护厂工作，成立护厂委员会，爱国知识分子、副厂长于运海担任护厂委员会主任，提出了“大烟囱不能倒，工人饭碗不能丢，谁也不准破坏机器”的口号，得到广大职工的支持。②

工人阶级是北平顺利和平解放的重要力量之一，工人的护厂运动也为新中国成立后北京恢复工业生产奠定了基础。总体而言，北京是一座具有光荣革命传统的城市，而在这份光荣的革命传统当中，北京的工人运动、北京工人的革命精神是浓墨重彩的一笔。

---

① 李志英，宋健. 北京工业遗产研究[M]. 北京：北京师范大学出版社，2018：255.

② 北京市石景山区地方志编纂委员会. 北京市石景山区志[M]. 北京：北京出版社，2005：114.

其三,北京工业文化拥有增产节约意识和开拓创新文化。

增产节约运动是新中国成立后,由中国共产党领导的旨在提高生产效益、降低成本、减少消耗和污染、节约资源的全国性群众运动。从整体运动来看,它对生产领域,尤其是工业生产领域的影响最大,17 年建设时期一共有 5 次。北京的增产节约运动在党中央的领导下除第一次稍晚外,其他均同步开展,并且成绩斐然。[①] 在增产节约运动中,劳动模范带动全体劳动者共同进步,成为一种流行风尚。"高炉战士"孟泰、"大庆铁人"王进喜……有口皆碑的第一代全国劳动模范极大地鼓舞了中国工人阶级的生产积极性和热情。北京工业领域也涌现出一大批在简陋和艰苦的工作条件下,努力克服困难,进行技术创新,为国家建设降低消耗、创造巨大经济效益的工人和技术人员。例如,北京永定机械厂的钳工倪志福,在工作中努力改进冲钻技术,于 1953 年发明了"三尖七刃锐当先,月牙弧槽分两边"的"倪志福钻头"。它的出现为孔加工技术的发展开辟出一条新的道路,极大地提高了生产效率,立即成为我国机械工业中的一项重大革新。北京第三建筑公司的工人李瑞环研究出"木工简易计算法"等 100 多项创新技术,大大提高了工作效率。这些增产节约意识和开拓创新精神,既体现了对中华民族崇尚"节俭"这一传统美德的继承,也高扬着时代的旗帜,是北京工业精神中重要的人文内涵。对于这些精神内涵的回顾与记忆,必将激发新一代工人和其他劳动者精练技能、发明创新,投身实现中华民族伟大复兴的宏伟事业。

其四,北京工业文化具有大局意识,向"高端"和"绿色"转型发展。

---

① 李志英,宋健. 北京工业遗产研究[M]. 北京:北京师范大学出版社,2018:267.

与其他城市和地区的工业文化相比，北京工业文化的特质离不开首都区位的深刻影响。爱国、顾全大局、勇于奉献和担当是北京工业文化的核心内涵；不断追求进步、创新，紧跟时代变化，与时俱进，是北京工业文化的一大特色。同时，北京工业文化与北京作为千年古都的大气、包容也是一脉相承的。从整体而言，北京工业文化具有接连历史、开创未来、承上启下的意义。

“进入20世纪80年代，根据中央对首都建设方针的重要指示，北京进行了大规模‘退二进三’的经济结构调整。北京的产业结构从以重工业为主导的‘二、三、一’产业格局，进入了以金融、信息服务为主导的‘三、二、一’产业格局不断优化的演变进程。而这一演变进程又恰逢改革开放和经济转型时期，因此，北京工业也经历了一次凤凰涅槃。这一时期，北京工业文化不但在物质文化上积极抓住世界新技术革命的契机，大力发展以现代服务业、生产性服务业为主的第三产业，保持全国领先；在制度文化上，更是经历了扩大企业自主权，责权利相结合的承包制、股份制改革以及企业集团化改制和战略重组等一系列制度创新；特别是在精神文化层面，逐步形成了适应市场经济的竞争文化、优胜劣汰文化和资源优化配置文化。”①

进入21世纪，随着技术和产业的升级，传统制造业逐渐撤离，北京处于工业职能弱化，向宜居型城市转变的重大格局调整中，北京的工业面貌又发生了重大改变。为了筹办好2008年北京奥运会，更好地服务于首都发展大局，“还北京一片蓝天”，中国十大钢铁企业之一的首钢集团用5年时间把钢铁产业从北京搬迁到位于河北省唐山市的曹妃甸，十多万首钢人用他们难以割舍的情感演绎了一部当代产业

① 文魁. 北京工业文化的嬗变[N]. 中国社会科学报，2019-05-10.

工人开创新未来的传奇史诗，立下了永载史册的不朽功勋。

党的十八大以来，北京城市发展进入新时代。随着《北京城市总体规划（2016年—2035年）》得到中央的批复，北京工业又一次面临重大调整。“一方面，要疏解包括传统工业在内的非首都功能，对接京津冀协同发展的国家战略，在更广阔的空间谋划首都发展；另一方面，以资源环境承载能力为刚性约束条件，在市域内瘦身健体、减量发展，构建‘高精尖’经济结构，着力发展都市型农业、高技术产业、现代服务业、文化创意产业等新兴、高端产业，培育‘互联网+’新业态。这样一个工业发展战略的推进，必然引发北京工业文化新时代的升华。”①

北京工业文化在新时代，正在以更大地域的谋划、更加宽阔的胸怀，向“高端”和“绿色”转型发展，而存留下来的工业遗产也正在向新兴的文化创意产业园区、工业博物馆或其他形态转型，以文化的、艺术的等更加多元的方式记载着北京光荣的工业发展历史，创造着城市美好的未来！

---

① 文魁. 北京工业文化的嬗变[N]. 中国社会科学报，2019-05-10.

# 第二章
# 北京工业资源文化创意产业转化

北京不仅工业发展起步较早，而且也是率先进行工业资源文化创意产业转化的城市之一。在20世纪90年代，北京的三元乳业、燕山石化、燕京啤酒等企业就已对游人开放，可以视为北京工业旅游的前奏。在2004年至2007年由国家旅游局授予的4批345家全国工业旅游示范点企业中，北京拥有14家。而今，北京已有60余家企业开展了工业旅游活动，累计参观游客达数百万人次。除了工业旅游之外，北京对工业遗迹旧址的改造更是走在了全国前列，“对促进我国的文化产业改革具有积极意义”①。798艺术区就是成功地将斑驳的工厂遗迹变为中国当代艺术聚集区的佳作。“751时尚设计广场”对原有的工业设施进行改造，变身为开展文化交流的平台和进行展览、展示、演艺等大量文化创意活动的重要基地，并且成为北京打造“国际时装之都”的重要舞台。充满创意的当代艺术品与工厂机械相映成趣，纵横交错的管道、巨大的发生罐、高高的烟囱，在艺术的氤氲中变得绚丽多彩，亦真亦幻。

工业资源的文化创意产业转化，不仅可以更好地宣传北京现有的

① 万一，刘敏．北京798：老工业重塑的中国范本[J]．广西城镇建设，2011(6)：10－13.

工业企业，也可以令工业遗产“化腐朽为神奇”，焕发出新的光彩，更对北京城市的发展与进步具有重要的现实意义。

## 第一节 文化创意产业的内涵及北京文化创意产业的发展概况

习近平总书记在十九大报告中提出，要坚定文化自信，推动社会主义文化繁荣兴盛。没有高度的文化自信，没有文化的繁荣兴盛，就没有中华民族的伟大复兴。要坚持中国特色社会主义文化发展道路，建设社会主义文化强国。十九大报告明确指出，“要激发全民族文化创新创造活力”“健全现代文化产业体系和市场体系，创新生产经营机制，完善文化经济政策，培育新型文化业态”。可以说，党的十九大关于文化发展的新思想为首都北京的文化创意产业发展指明了方向。

### 一、文化创意产业的基本内涵

文化产业，这一术语产生于20世纪初，最早出现在霍克海默和阿多诺合著的《启蒙辩证法》之中，英语名称为Culture Industry，可以译为文化产业，也可以译为文化工业。

联合国教科文组织对文化产业的定义为：按照工业标准，生产、再生产、储存以及分配文化产品和服务的一系列活动。2003年9月，中国文化部下发《关于支持和促进文化产业发展的若干意见》，将文化产业界定为：“从事文化产品生产和提供文化服务的经营性行业。文化产业是与文化事业相对应的概念，两者都是社会主义文化建设的重要组成部分。文化产业是社会生产力发展的必然产物,是随着中国社会主义市场经济的逐步完善和现代生产方式的不断进步而发展起来的新兴产业。”2004 年,国家统计局对“文化及相关产业”的界定是:“为社会公众提供文化娱乐产品和服务的活动,以及与这些活动有关联的活动的集合。”

文化创意产业(Cultural and Creative Industries)是一种在经济全球化背景下产生的以创造力为核心的新兴产业,强调主体文化或文化因素依靠个人(团队)通过技术、创意和产业化的方式开发、营销知识产权。事实上,世界各国对文化创意产业并没有一个统一的定义。美国没有文化创意产业的说法,一般只说版权产业,主要是从知识产权的角度进行界定的。日本则认为,凡是与文化相关的产业都属于文化创意产业。除传统的演出、展览、新闻出版外,还包括休闲娱乐、广播影视、体育、旅游等,因此日本研究者称之为内容产业,更强调内容的精神属性。

在中国,文化创意产业主要包括广播影视、动漫、音像、传媒、视觉艺术、表演艺术、工艺与设计、雕塑、环境艺术、广告装潢、服装设计、软件和计算机服务等。近几年,中国的文化艺术市场蓬勃发展,公共展演场地不断扩大建设(如国家大剧院、798 艺术区)。这说明中国除了在既有制造业的优势下寻找出路外,也开始重视文化创意产业的发展。

文化创意产业属于社会文化中的经营性文化部分,具有经济属性,它常常与“文化事业”这一概念进行比较分析。文化事业指以丰富和提高人们的审美水平、道德素养和才智能力,优化社会风气、行为规范以及价值取向为目的的文化建设。文化事业具有创造性和公益性,不以营利为目的。文化创意产业则具有消遣性、娱乐性、益智性和营利性。二者在内涵、运营方式和目的上都有一定的差异。但是，在具体实践当中，文化创意产业和文化事业经常出现相互交融的情况。一些以公益为目的博物馆、图书馆当中也有经营的部分，例如，付费体验项目、周边文化产品以及餐饮配套设施，等等。需要指出的是，文化创意产业虽然以可复制性、可经营性以及追求经济效益为特性，但是也不能放弃对文化价值的把握和对文化本真的尊重。

文化创意产业以"创意"为突出的特征。来自人的头脑的创意能衍生出无穷的新产品、新服务、新市场、新机会、新财富，是经济和社会发展的重要动力。一些专家甚至提出，"文化创意产业将会从现代服务业中分离出来，成为一种更高层次的全新产业形态，也就是所谓的'第四产业'"①。2019 年 7 月 25 日，国家统计局发布《新中国成立 70 周年经济社会发展成就系列报告》。报告显示，中国文化产业进入了快速发展的新时期，文化产业增加值在国民经济中的比重逐年增加。2018 年，中国文化产业增加值达 3873. 7 亿元，比 2004 年增长 10. 3 倍。2005 年—2018 年，中国文化产业增加值年均增长 18. 9%，高于国内生产总值年均增长率。②

## 二、北京文化创意产业的发展概况

北京是联合国教科文组织命名的"设计之都"，文化创意产业一直是北京的优势和特色，北京也一直是全国文化产业发展的标杆和方

---

① 张震鹏. 关于文化创意产业的思考[EB/OL]. (2018 - 02 - 22)[2019 - 12 - 12]. https://www. 360kuai. com/pc/99839ffc6ded676f8? cota = 4&kuai_so = 1&tj_url = so_rec&sign = 360_57c3bbd1&refer_scene = so_1.

② 林沪灿. 文化产业在国民经济中的增加值逐年增加[EB/OL]. (2018 - 03 - 02)[2019 - 12 - 16]. http://www. sohu. com/a/329476412_100194659.

向。“2018 年北京市文化消费综合指数和文化消费能力在全国所有省市中排名第一。不断扩大的市场需求和广阔的市场前景使文化创意产业成为北京经济发展的新增长点。”①在文化创意产业方面，北京具有资源、政策、人才和市场环境等诸方面的优势。

第一，从资源上来看，北京作为全国的政治文化中心，有着 3000 多年的建城史和 800 多年的建都史，文化积淀丰厚。无论是物质文化还是精神文化，都为文化创意产业的发展提供了宝贵的资源。从北京的现实发展来看，作为新中国的首善之区，北京是国际交往中心、科技创新中心，承办过以及将要承办不计其数的国家盛事、具有全球影响力的国际盛事，如每年的全国两会、2008 年夏季奥林匹克运动会、2022 年冬季奥林匹克运动会等。这些经历和历练都为北京文化创意产业的发展提供了丰富的创作基础和创作源泉。

第二，从政策上来看，文化创意产业是北京的传统优势产业。早在 2004 年，北京就发布了《北京市文化产业发展规划（2004 年—2008 年）》，这是北京第一次系统研究制定文化产业发展规划。2005 年，国务院批复《北京城市总体规划（2004 年—2020 年）》，第一次明确提出“大力发展文化创意产业”，将文艺演出、出版发行和版权贸易、影视节目制作及交易、文化会展、古玩艺术品交易、动漫和网络游戏制作交易作为发展重点。2006 年，北京成立文化创意产业领导小组，文化创意产业发展进入全面推进时期。经过数十年的努力，北京文化创意产业发展取得了不俗的成绩，使得有中国特色的世界城市建设和社会主义文化中心建设一度成为北京城市发展的探讨焦点。② 近年来，北京出

---

① 郭珍珠. 北京市文化创意产业园区发展现状与趋势分析[J]. 现代营销（经营版），2019（3）：34－35.

② 金元浦，王林生. 北京世界城市与国家文化中心建设研究综述[J]. 北京联合大学学报（人文社会科学版），2012（10）：40－49.

台了多个文件，支持文化创意产业发展（如表2.1）。整个社会对文化创意产业发展的关注度也在不断提升（如表2.2）。仅在2018年，北京就密集出台了十几个与文化创意产业相关的文件。

**表2.1 近年来北京市文化创意产业发展相关的部分文件①**

| | 日期 | 文件名称 |
|---|---|---|
| 1 | 2016年3月11日 | 《北京市人民政府办公厅关于加快发展对外文化贸易的实施意见》 |
| 2 | 2016年5月12日 | 《北京市文化创意产业发展指导目录(2016年版)》 |
| 3 | 2016年7月31日 | 《关于政府向社会力量购买公共文化服务的实施意见》 |
| 4 | 2016年12月28日 | 《北京市基层图书服务资源整合实施管理办法》 |
| 5 | 2017年6月20日 | 《北京市优秀群众文化项目扶持办法》 |
| 6 | 2017年11月1日 | 《关于深化市属国有文化企业改革的意见》 |
| 7 | 2017年12月31日 | 《关于保护利用老旧厂房拓展文化空间的指导意见》 |
| 8 | 2018年2月5日 | 《关于促进首都文化金融发展的意见》 |
| 9 | 2018年3月21日 | 《关于优化人才服务促进科技创新推动高精尖产业发展的若干措施》 |
| 10 | 2018年6月5日 | 《关于推动北京市文化文物单位文化创意产品开发试点工作的实施意见》 |
| 11 | 2018年6月21日 | 《关于推进文化创意产业创新发展的意见》 |
| 12 | 2018年9月18日 | 《北京市戏曲进乡村工作方案》 |

**表2.2 首批北京市文化创意产业园区名单（排名不分先后）②**

| | 园区名称 |
|---|---|
| 1 | 751D·PARK北京时尚设计广场 |
| 2 | 北京768文化创意产业园 |
| 3 | 北京77文创园（包括美术馆、雍和宫、国子监等3家） |
| 4 | 北京798艺术区 |

① 根据北京市政府网站公开资料整理。

② 倪伟. 33家首批北京市文化创意产业园区出炉[N]. 新京报,2019-01-25.

续表

| | 园区名称 |
|---|---|
| 5 | 北京城乡文化科技园 |
| 6 | 北京 DRC 工业设计创意产业基地 |
| 7 | 北京大兴新媒体产业基地 |
| 8 | 北京德必 WE 国际文化创意中心 |
| 9 | 北京电影学院影视文化产业创新园平房园区 |
| 10 | 北京懋隆文化产业创意园 |
| 11 | 北京塞隆国际文化创意园 |
| 12 | 北京天桥演艺区 |
| 13 | 北京文化创新工场车公庄核心示范区 |
| 14 | 东亿国际传媒产业园 |
| 15 | 恒通国际创新园 |
| 16 | 弘祥 1979 文化创意园 |
| 17 | 嘉诚胡同创意工场<br>(包括嘉诚有树、科玛斯车间、东城文化人才创业园、嘉诚印象、菊儿胡同 7 号等 5 家) |
| 18 | 莱锦文化创意产业园 |
| 19 | 郎园 Vintage 文化创意产业园 |
| 20 | 清华科技园 |
| 21 | 尚 8 文化创意产业园 |
| 22 | 数码庄园文化创意产业园 |
| 23 | 腾讯众创空间(北京)文化创意产业园 |
| 24 | 天宁 1 号文化科技创新园 |
| 25 | 西什库 31 号 |
| 26 | 西海四十八文化创意产业园区 |
| 27 | "新华 1949"文化金融与创新产业园 |
| 28 | 星光影视园 |
| 29 | 中关村东升科技园 |
| 30 | 中关村软件园 |

续表

| | 园区名称 |
|---|---|
| 31 | 中关村数字电视产业园 |
| 32 | 中关村雍和航星科技园 |
| 33 | 中国北京出版创意产业园 |

第三，从人才上来看，北京拥有明显的文化创意产业发展的人才优势。文化创意产业与创意人才密不可分，北京拥有近百所高校和众多的国家级科研院所以及专业的文艺团体。同时，北京还以强大的文化影响力对全国各地文化艺术创意人才产生了虹吸力。丰富的人才资源和雄厚的人才储备，为北京的文化创意产业发展提供了良好的人才支持、人文环境。

第四，从市场环境上来看，北京对于文化创意产业的发展具有强烈的市场需求。马斯洛的需求层次理论告诉我们，生理需求、安全需求、爱的需求、尊重需求和自我实现需求这五种需求从低到高，按层次逐级递升，一层次的需求得到相对满足后就会追求更高一层次的需求。随着北京经济发展水平的不断提升，人们的生活也相对富裕。在满足了衣食住行等基本的生理需求和安全需求后，人们更加关注自身发展和实现的需求。文化创意产业能够满足和实现人们的高级需求，因而，按照市场发展的基本规律来看，哪里有市场需求，哪里就有市场机会。市场需求包含购买动机、购买人口和购买力三大重要因素（如图 2.1），北京作为世界著名的旅游城市，其文化市场在购买力、购买动机和购买人口数量等方面都具备发展条件。

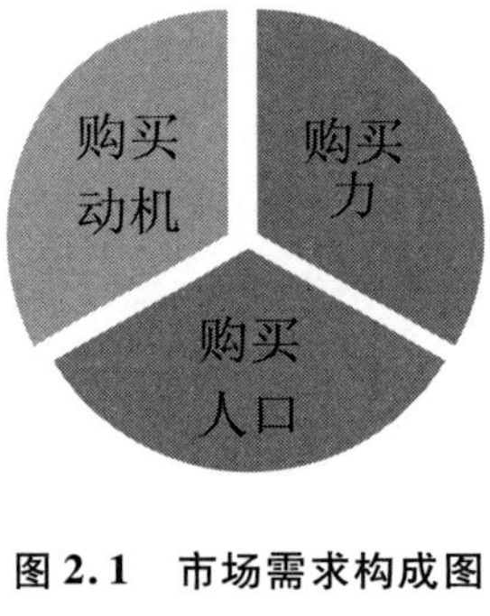


**图 2.1　市场需求构成图**

## 第二节　北京工业文化创意产业的发展空间及意义

"工业资源的文化创意产业转化指的是，利用工业现有资源如厂房、技术、生产情景、企业发展故事等进行文化产业的改造利用，旨在获得企业文化发展和实现文化产业资源开发的双赢局面。"①工业资源的文化创意产业转化不仅可以将城市发展过程中工业文明最具表现力的篇章以通俗的方式示人，更可以将一些拥有重要的历史文化价值并行将从城市中消失的工业遗产予以最大化的保留，而工业文化产业这一带给大多数人陌生化、神秘化审美价值及知识结构拓展的产业类别也将成为文化创意产业经济增长的一个重要激发点，成为城市一张新的文化名片。因此，北京工业资源的文化创意产业转化具有重要的意义和宽广的发展空间。

### 一、保护北京文化脉络和城市个性

竞争战略之父迈克尔·波特认为："基于文化的优势是最根本的、最难以替代和模仿的、最持久的和最核心的竞争优势。"所以，文化才是"城市最大的不动产"，"城市是文化的容器"。而能否有效协调文化产业与城市的关系，把握好文化城市未来的发展趋势，抓住文化创意产业发展的良机，是一座城市能否脱颖而出的关键。保护和利用工业资源有利于传承北京工业发展历史。北京工业文化是北京文

① 于隽，张咏德，张晓萌，邹承东．打造工业文化的名片——北京工业文化产业转化的现状及发展策略[J]．武汉冶金管理干部学院学报，2014(2)：10－13．

化的重要组成部分,它与北京的发展历史密不可分,也在一定的历史时期构成了北京的城市主流文化。可以说,北京工业文化不仅构筑了城市风景,也深深侵入北京人的血脉之中,是北京抹不去、值得记忆的“乡愁”。将北京的工业文化资源通过文化创意产业的方式进行保留和传播,有利于传承北京工业发展的历史,并丰富北京城市的历史积淀。

## 二、促进北京工业遗产的保护利用

进入21世纪,国家从文化遗产保护的角度重视工业遗产的保护工作。为了落实《国务院关于加强文化遗产保护的通知》,2006年4月,中国工业遗产保护论坛在无锡召开;4月18日,会议通过了《无锡建议——注重经济高速发展时期的工业遗产保护》,明确了工业遗产保护与经济、文化建设和可持续发展之间的密切关系。

发展工业文化产业有利于保护和利用北京工业遗产,有利于挖掘工业遗产的新价值。城区遗留下来的工业厂房、设施大多数仍然具有一定的使用价值,对这些工业资源进行适宜性改造和再利用,有利于盘活和挖掘工业遗产的新价值,并减少因建筑拆除造成的浪费,节省重新建设的投资,符合建设节约型城市的要求,实现工业遗产与生态、城市、人文的互融。

## 三、扩大北京现有工业企业的知名度

工业资源不仅包括工业遗产,也包括当代仍在生产的工业企业。虽然北京进行了“退二进三”的产业疏解,但是依然保留着一些低消耗、无污染的工业企业。在这些企业中,不乏一些具有一定历史的“老字号”,如北京牛栏山酒厂、北京龙徽酿酒有限公司等。在高度强调“体验经济”的当下,将正在生产的工业企业进行部分开放,对文化创意产业进行部分改造,让更多人能够参与其中,近距离了解企业的生产工艺、生产情景等,不仅能够让人综合了解北京工业的历史、现在和未来,也有利于扩大现有工业企业的知名度。

## 四、拓展北京文化创意产业市场

保护和利用工业资源还有利于为文化创意产业的发展提供空间,拓展北京文化创意产业市场。北京20世纪50—80年代遗留下来的厂区、工厂大院,大都处于交通方便、市政及公共服务设施配套齐全的位置,因而对文化创意产业的投资者具有很强的吸引力,为文化创意产业的集聚也提供了有利的条件。

区位优势可以有效地刺激旅游观光,良好的“可达性”是发展文化创意产业不可或缺的重要条件之一。此外,这些工业遗产往往还具有建筑风格独特、工业文明气息浓郁等特点,能够唤起人们的怀旧情结,也能够让年轻人感受“后现代”的风貌,同时具有历史价值、美学价值、精神价值、教育价值和经济价值,对于丰富北京文化创意产业的类别,创造和引导新的文化需求具有重要意义(如表2.3)。

表 2.3 北京地区由工业资源改造的文化创意产业园统计表①

| 序号 | 园区名称 | 开放时间(年) | 原有工业企业 | 建厂时间(20 世纪) | 占地规模(平方米) |
|---|---|---|---|---|---|
| 1 | 北京一号地国际艺术区 d 区 | 2006 | 京广铝业联合公司北京飞翔头盔厂 | 60 年代 | 30,000 |
| 2 | 751D · PARK 北京时尚设计广场 | 2009 | 北京正东电子动力集团有限公司 | 50 年代 | 220,000 |
| 3 | 北京 798 艺术区 | 2006 | 华北无线电器材联合厂 | 50 年代 | 600,000 |
| 4 | 北京 768 文化创意产业园 | 2010 | 北京大华无线电仪器厂 | 50 年代 | 88,000 |
| 5 | 北京大稿国际艺术区 | 2007 | 北京中意合资企业 | 不详 | 30,000 |
| 6 | 酒厂 ART 国际艺术园 | 2009 | 朝阳酿酒厂 | 80 年代 | 30,000 |
| 7 | 莱锦文化创意产业园 | 2011 | 京棉二厂 | 50 年代 | 110,000 |
| 8 | 北京昊成传媒文化创意产业园 | 2007 | 北京石棉厂 | 50 年代 | 30,000 |
| 9 | 北京尚 8 文化创意产业园 | 2007 | 北京市电线电缆总厂 | 50 年代 | 22,000 |
| 10 | 北京红厂设计创意产业园 | 2012 | 北京玻璃幕墙厂 | 80 年代 | 16,000 |
| 11 | 北京左右艺术区 | 2006 | 北京拖拉机厂 | 60 年代 | 20,000 |
| 12 | 北京惠通时代广场 | 2003 | 北方工业锅炉厂 | 50 年代 | 32,000 |
| 13 | 北京电通创意广场 | 2012 | 北京机电厂 | 60 年代 | 180,000 |
| 14 | 北京易通时代广场 | 2008 | 北京显像管厂西区 | 60 年代 | 23,000 |
| 15 | 北京安通时代广场 | 2005 | 北京松下彩管厂 | 80 年代 | 8,000 |
| 16 | 北京海通时代广场 | 1998 | 不详 | 不详 | 10,000 |
| 17 | 北京正通时代广场 | 2009 | 北京味全食品有限公司 | 1953 年 | 11,000 |
| 18 | 北京二十二院街艺术区 | 2008 | 北京啤酒厂 | 1950 年 | 65,000 |

① 孟璠磊. 北京工业资源再利用型文化创意产业园初步调查与研究[J]. 北京规划建设, 2015(5):94 - 97.

续表

| 序号 | 园区名称 | 开放时间(年) | 原有工业企业 | 建厂时间(20世纪) | 占地规模(平方米) |
|---|---|---|---|---|---|
| 19 | 北京懋隆文化产业创意园 | 2012 | 北京外贸三间房工艺品仓库公司 | 60年代 | 120,000 |
| 20 | 北京音乐创意产业园 | 2011 | 北京一商储运中心 | 50年代 | 380,000 |
| 21 | 北京后街美术与设计创意产业园 | 2010 | 北京胶印厂 | 不详 | 10,000 |
| 22 | 北京1919国家音乐产业基地 | 2009 | 北京生物制品研究所 | 1919年 | 567,800 |
| 23 | 北岸1292文化创意产业园 | 2008 | 朝阳区三间房乡水泥构件厂 | 不详 | 100,000 |
| 24 | 竞园(北京)图片产业基地 | 2007 | 北京供销总社棉麻仓库 | 60年代 | 60,000 |
| 25 | 北京首钢工业旅游区 | 2004 | 北京首钢集团 | 1919年 | 7,000,000 |
| 26 | 北京龙徽葡萄酒博物馆园区 | 2006 | 北京龙徽酿酒有限公司 | 1910年 | 9,463 |
| 27 | 国投信息创意产业园 | 2010 | 北京广播电子器材厂 | 50年代 | 36,000 |
| 28 | 北京二通动漫产业产基地 | 2011 | 首钢二通用机械制造厂 | 70年代 | 870,000 |
| 29 | 新华1949文化创意产业园 | 2012 | 北京新华印刷集团 | 1949年 | 30,000 |

## 第三节　人文内涵在北京工业文化创意产业发展中的价值

文化创意产业的核心是文化，文化是一个国家和地方的软实力。工业资源在文化创意产业转化的过程中，应贴近地域特色和地域文化。良好的文化氛围一方面能够为产业转型提供坚实的基础，另一方面可以吸引国内外游客,创造良好的外部环境。如今,北京精神已成为工业旅游乃至旅游业整体发展不可或缺的重要条件,“爱国、创新、包容、厚德”也成为企业强有力的宣传语。由华北无线电器材联合厂成功改造而成的充满艺术、时尚魅力的798艺术区,体现了当代人民的聪明智慧和创新精神;二锅头博物馆更是展现了老北京醇香的风土人情……这些企业背后的历史、文化、故事都是增加文化产品厚度和重量的砝码,也是进行文化创意的宝贵财富。

## 一、何为人文内涵

人们对于文化创意产业的消费有别于其他物质领域的消费,文化消费并不侧重于“实用”,而是以获得价值、情感、体验等精神享受为主要目的。如前文所言,在工业文化的构成中,工业精神文化是最核心的内容。工业文化不同于自然科学,其研究对象更多的是工业中的文化现象而不是自然现象,是人化物而不是自然物。工业精神文化也不同于一般的精神文化,在工业精神文化中,又以人在技术发明、克服困难、改革创新、推动生产力发展等方面体现出来的人的主观能动性为精华。

人文精神,“是构成一个民族、一个地区文化个性的核心内容;是衡量一个民族、一个地区文明程度的重要尺度”。在人类文明的进程中,人文精神是实践的产物,是优秀文化的积淀、凝聚、孕育,是人类精神力量的整合。工业文化作为一种文化资源,凝聚着一个城市、一个国家历经沧桑、不断创新、拼搏进取的人文精神。人文内涵不是一成不变的,而是随着时代发展不断演进、丰富和变化的。工业文化中的人文内涵主要有历史性、时代性、连续性三个特征。

### （一）人文内涵的历史性

人文内涵的历史性主要体现在对传统工业精神的传承方面。例如，有着300多年悠久历史的中医药行业的“老字号”同仁堂，传承着中华民族优秀的民族精神，恪守“炮制虽繁必不敢省人工，品位虽贵必不敢减物力”的古训，坚持着“修合无人见，存心有天知”的自律，这些优质的精神内涵使其在国内乃至国际医药工业领域一直具有举足轻重的地位。再如，鞍钢的“鞍钢宪法”、大庆油田的“三老四严”、首钢的“首钢为首”……这些都是企业在工业生产和建设中逐渐形成的优秀精神内涵，具有历史性意义。寻找工业文化中的人文内涵，就要挖掘企业的发展历史，从中找到优秀的质量意识、合作精神、效率观念等具有超越时代意义的重要精神营养。

### （二）人文内涵的时代性

人文内涵具有时代性，主要体现在创新精神、科技精神以及随着时代的发展变化呈现出来的新的经营哲学、思维方式、管理制度、精神面貌和审美观念等方面。如798艺术区代表的先锋艺术集散地，在艺术和审美领域发挥了怎样的作用？造成了怎样的影响？诞生了哪些艺术理论和观念？再如，首钢园在冬奥契机下生发出的“火与冰”的碰撞融合，钢铁工人走下高炉，走上制冰场，克服了哪些困难？体现了怎样的精神？寻找工业文化中的人文内涵，就要关注当下的人与自身的关系，关注当下的需求和创意。

### （三）人文内涵的连续性

人文内涵的历史性和时代性不是割裂的，有些优秀的精神和合理的制度是可以超越时空而存在的。例如,那些经过工业生产实践而产生的、被许多事件证明的优秀制度就具有连续性、连接性,在历史、现在,乃至未来都具有典范意义。

## 二、人文内涵之于北京的工业文化

在北京的工业文化构成当中,人文精神内涵丰厚、意义深远,在北京工业资源的文化创意产业转化中具有重要的价值。

其一,有利于确立文化创意产业的独特定位。

差异化是使文化产品在竞争中立于不败之地的关键。每处工业遗产或工业企业都因自身独特的"经历"而具有不同的历史、技术、人物、故事等内涵。这种独特性应当成为文化创意产业重要的发力点和表现对象。管理学名著《竞争大未来》认为,"价值越来越少地体现在经济上,而是更多地体现在社会心理上"。因此,文化市场更多地会转向"动之以情",寻求以共鸣为目的的文化产品形象信息沟通模式。只有挖掘不同的人文内涵,才能使工业文化产业具有不同的灵魂,在消费者心理打上不同的"烙印",避免一窝蜂式的雷同。

其二,有利于丰富文化创意产业的内容。

工业文化资源与其他文化资源相比,较为冷硬,而人文内涵是关乎人的内容,这和冰冷、生硬的工业器物相比,具有明显的生动性、鲜活性、形象性,更能引起人们对它的关注、关心,也更容易衍生出丰富的文化创意产品。当前,工业文化创意产业的转化利用多以文化产业园区为主,而在文化产业园区中几乎难以见到原有工业企业的历史文化,如 798 艺术区,现在完全是"先锋艺术"的代表,工业只成了园区的一个场景或背景。北京工业发展历史流脉长、影响广、故事性强,如果能够对北京的工业企业资源进行深入的人文性挖掘，就可能在图书出版、影视剧、艺术演出等维度创造出更加丰富的文化创意产业项目和内容。

其三，有利于提升文化创意产业的品位。

文化是文化创意产业的生命，文化创意产业也是文化继承和保留的方式。

在景观当道、意义消解的后现代社会语境中，价值引领更为重要。习近平总书记指出“文化自信，是更基础、更广泛、更深厚的自信”。文化自信成为继道路自信、理论自信和制度自信之后，中国特色社会主义的“第四个自信”。深入挖掘北京工业的人文内涵，讲好“工业故事”，让工业文化不仅是一个北京城市中远去的背影，更成为北京城市“记得住的乡愁”，将优秀的工业文化通过文化创意产业的方式传播和传递，意义深远。这既有利于提升文化创意产业的品位，也是文化自信的重要表现。

# 第三章
# 北京工业文化创意产业的现有模式

北京工业资源的文化产业利用转化是一个曲折发展的过程，早期的处理模式就是整体拆迁，然后将土地用于商品楼房的建造。例如，“CBD 地区的大望桥，牛栏山酒厂变成了 SOHO 现代城，北京啤酒厂变为苹果社区，广渠门东五厂变为富力城，内燃机总厂变为珠江帝景，昔日工厂聚集的‘铁三角’摇身一变成了房地产开发的‘金三角’”①。随着国家对文化产业的不断重视以及一些成功的文化产业园区的影响，近些年北京的工业资源转化已从单纯的拆迁改造模式逐渐过渡到对工业资源进行改造性再利用的模式。

北京工业文化创意产业的现有模式主要有企业发展模式、遗产与工业博物馆模式、文化创意产业园模式、综合城市开放空间模式、特色街区模式和企业开放日模式等。

---

① 蒋金洁，刘光宇. 后工业时代北京市发展文化创意产业的新路径[J]. 科技智囊，2012(8):60－69.

## 第一节　企业发展模式

### 一、企业发展模式的概念

企业发展模式是指企业以自身为主体，根据其特点开发的工业旅游模式。该模式可以推动企业多元化发展，还可以产生无形的社会效益和产品的宣传效益，为企业创造新的经济增长点。

这类企业一般仍处于生产状态，多为改革开放后新建，具有良好的成长性、高水平的生产线、先进科学的管理模式以及优美的厂区景观。这些企业作为最终消费品的生产商，面对着激烈的市场竞争，因此，让消费者目睹产品的生产过程、感受企业科学的管理水平和先进的企业文化，是一种比广告更为形象的宣传方式。这种企业往往选择主动出击，开发工业旅游，在生产过程、厂区厂貌参观的基础上，附加企业产品展示，并对行业进行公益性的科普介绍。

### 二、企业发展模式实例

成立于 2002 年 10 月 18 日、坐落于北京市顺义区的北京现代汽车有限公司（简称北京现代），就开放了工厂的参观预约。北京现代设有工厂参观网络预约系统，人们获得“访问函”后，就可以到北京现代汽车生产工厂参观，了解冲压、车身、涂装、总装四大现代化汽车生产工艺流程，并能看见一块钢板如何通过上千道工序，最终成为一辆功能先进、品质优异的汽车的一部分。参观流程里有视频讲解汽车生产程序，还有参观者走进车间亲自感受实践，因为工厂内部机器声音嘈杂，所以工厂贴心地为参观者配备了无线耳机。可以说，这里不仅是产品的生产示范地，更让人们无形间感受到企业的文化。除了工厂参观外，北京现代于2017年11月在中国当代艺术聚集地798艺术区，建立了“现代汽车文化中心”，以中国当代艺术生态为土壤，以推动中国文化艺术的开拓性发展为己任，在全球化语境下结合“Creative Energy”理念，致力于开发和探索中国艺术多元化跨界的可能性。

企业发展模式在食品工业企业中尤为突出。在北京14家“全国工业旅游示范点”中，属于饮料制造业和食品加工业的有7家，占总数的一半。将企业开放给民众参与、观看，究其原因，源自消费者对食品安全的重视和关心。一方面，消费者通过工业旅游参观企业的规模化生产线、规范化管理，了解企业对产品材料选择和制作工艺的严格把关；另一方面，企业也取得了消费者的认同和信赖，扩大了品牌的影响力，产生了比旅游收入更高的价值。

例如，北京顺鑫农业牛栏山酒厂在新厂区中心位置规划了1公顷的土地，目标是打造一座设计精巧、用工精良、特色十足的，体现“正宗二锅头，地道北京味”的北京二锅头文化苑。北京二锅头文化苑位于牛栏山酒厂新厂区的中心位置，是牛栏山酒厂“四·五”战略的重点工程，占地面积达11,000平方米，建筑面积约为25,000平方米。这里不是简单的建筑、景观、展陈的强行拼凑，更不是传统的酒类博物馆，而是一座建筑与园林景观有机结合，传统与时尚文化交相辉映，白酒文化、京味文化以及企业文化和谐相融的品牌文化苑。文化苑立足于宏阔的历史背景、行业发展、当今现状，旨在完整、生动地叙述和再现二锅头的历史渊源、工艺传承与文化发展，全面解读二锅头与京味文化、京味生活之间的内在联系，深入剖析二锅头的匠心品质和包容精神，让参观者认识二锅头、了解二锅头，体会二锅头的独特文化内涵。北京二锅头文化苑于 2018 年正式启动运营，每年接待工业观光游客达 30 万人次。

## 第二节　遗产与工业博物馆模式

### 一、遗产与工业博物馆模式的概念

由于产业结构的调整，某些门类的工业生产逐渐退出历史舞台，留下了大批可供旅游开发的工业遗产资源，如矿坑、旧厂房、废弃铁路等。在历史、文物和建筑比较集中的地方建立工业博物馆，既可以保护工业遗产资源，也是对工业遗产保护性开发的重要方式。

工业博物馆是国际上通行的保护工业遗产的基本手段之一。例如，英国的铁桥峡谷博物馆被看作工业革命的发源地和象征。“工业博物馆也是德国鲁尔区工业遗产保护采用的主要模式之一。整个鲁尔区包含 6 个国家级博物馆，可带领参观者游历 150 年的工业发展历史。”①工业博物馆对工业遗产的“品相”要求较高，学者张京成等在《工业遗产的保护与利用——“创意经济时代”的视角》中提出，能够改造为工业博物馆的工业遗产：首先，要在工业发展史上具有独特而深厚的文化底蕴，在工业发展史上具有典型性；其次，其外部应当具备保存较好的工业建筑和场所；最后，其内部应当具有能够完整呈现工

① 郭凤典，朱鸣．德国鲁尔工业区整治经验及启示[J]．理论月刊，2004(7)：98－100.

业生产流程的机器设备。①

与传统的博物馆相比，“以旧修旧”的工业博物馆更具有原先性、在地性，具有工业遗迹的历史感、真实感，能够增强游客的体验感。工业博物馆通过实物陈列、馆员讲述、模型推演、动感视频等方式进行展示，具有很强的科普教育意义。许多城市的工业博物馆已经成为当地科普和爱国主义教育基地，吸引着如政府机关、企事业单位人员，学生等特定人群参观。

## 二、遗产与工业博物馆模式实例

博物馆方面，典型的如上海世博会博物馆。该博物馆由被誉为“中国近代民族工业的发源地”的江南造船厂西区加工工厂改造而成，主要功能为收藏、研究、展示历届世界博览会的文物、文献、盛典纪实和成就成果；综艺大厅由江南造船厂部分装焊车间改造而成，在世博会期间承担浦西园区的特色演艺功能。此外，世博会园区内还保留着如码头、船坞、轨道、起重机械、烟囱等建筑和设备，以及一些钢炉、冷却槽、巨型螺栓等工业用具、构件。作为大型户外公共活动空间可以参观的景致，这些场景以新的方式展示着上海近代民族工业的发展史。

北京的工业博物馆，如北京铁矿博物馆，位于密云区的首云铁矿，是在20世纪60年代矿区建筑的基础上改建而成的。该博物馆通过幻影成像、动感电影、实物陈列等方式展示了国内外矿山勘探开采技术的发展历程，介绍了铁矿与矿石的科普知识。再如，北京自来水博

① 张京成，刘利永，刘光宇，等. 工业遗产的保护与利用——“创意经济时代”的视角[M]. 北京：北京大学出版社，2013：173.

物馆,它的所在地是北京历史上第一座水厂——东直门水厂的位置。该博物馆的主建筑是1910年投产的蒸汽机房。北京自来水集团共投资400多万元,聘请专业公司进行设计修建。2000年10月24日,北京自来水博物馆正式开馆。馆内陈列了各种与水有关的实物、模型、沙盘、巨幅图片等,全方位展现了北京自来水100多年的发展历史。2016年11月25日,北京首家以煤业文化为主题的博物馆——京西煤业文化陈列馆在"全国六大无烟煤产区之一"门头沟区正式开馆。陈列馆内部分设9个板块,包括京西煤炭分布、京西煤业缘起发展、京西煤业取得的成就等。值得一提的是,作为特色展区之一,"中国革命中的京西煤业"专题详尽地叙述了京西煤业和京西矿工在中国革命斗争中的突出贡献。整个陈列馆用上千件实物、珍贵的历史照片、严谨的专家论证、感人的英雄事迹和有趣的民俗传统,多维度、淋漓尽致地向观众展示了京西乃至整个北京煤业的历史变迁和深厚的文化内涵。

除了上述案例外,北京类似的工业博物馆还有北京铁路博物馆、京张铁路青龙桥车站等。作为北京城市复兴新地标,首钢园区内也将建设"北京市工业博物馆"及"首钢博物馆",将陈旧、荒凉、冷硬的历史点亮,使之成为城市新的公共景观。

## 第三节 文化创意产业园模式

### 一、文化创意产业园模式的概念

文化创意产业园又称为文化产业园区、艺术园区、文化创意产业集群等。文化创意产业集群的概念是哈佛大学迈克尔·波特教授在

1990年出版的《国家竞争优势》中提出的，强调的是地理群聚现象对于生产力和创新能力的意义。他认为，产业集群是一组在地理上相互靠近的、有相互关系的公司和机构，它们同处或相关于一个特定的产业领域，由于具有共性和互补性而联系在一起形成的产业集合模式，目的是获得产业竞争优势。

在城市更新的过程中，一些工业遗产已经失去或部分失去了原有的功能和面貌，并不具备前文所说的建设工业博物馆的“品相”意义，但是还存在一定的“工业符号”与“印记”。比如工业风的建筑、结构、高大的空间、冷硬的风格等，可以通过经营开发、出租转让的方式，以工业风为背景和风格，吸引文化企业和艺术家进驻，将其改造成文化创意者办公的地点，成为文化创意产业集群的综合空间。北京的竞园、北京音乐创意产业园、莱锦文化创意产业园、天海科技园等都是由工业遗产转化而成的文化创意产业园区。尤其是北京早期工业重镇朝阳区，曾经是北京的纺织、电子、机械、化工、汽车五大工业基地，老旧厂房资源丰富。近年来，朝阳区一直积极探索老旧厂房向文化创意产业园转型，已经打造出不少精品园区，形成了“朝阳实践”和“朝阳经验”。

文化创意产业园模式目前吸引的企业主要有8种类型：文化艺术型，主要从事文化艺术类的创作和表演工作；影视戏剧型，主要从事广播、电视、戏剧的制作、发行和服务工作；创意设计型，主要从事建筑设计、规划设计及其他专业设计服务工作；传媒出版型，主要从事图书、报刊、音像制品等传播媒介的制作和发行工作；艺术品交易型，主要从事艺术品销售工作；文化教育型，主要从事文化艺术类的教育、培训等工作；科技创新型，主要从事人工智能、高科技研发工作；休闲娱乐型，主要从事旅游服务、娱乐健身及其他室内休闲服务工作。

## 二、文化创意产业园模式实例

位于北京市朝阳区广渠路3号的北京竞园，距国贸仅10分钟车程，被称作紧邻CBD的艺术中心，占地面积达10万平方米，建筑面积达6万平方米，原址是拥有50余年历史的北京棉麻仓库。改造时采用“天人合一”的中国传统理念设计，并融入多种现代创意设计元素，使饱含大工业时代历史人文气息的老库房焕发出后工业时代的青春活力，成为京城稀缺、适合现代文化创意产业的绝佳办公空间。竞园自2007年开放以来，吸纳了摄影、传媒、广告、演艺等方面的多个知名机构入驻，聚集了大量国内外先锋摄影师及艺术家，建立了一批具有浓郁时尚气息且风格迥异的创意工作室，拥有数家国际国内知名图片骨干企业。如全球最大的图片库美国的GETTY IMAGES、法国的GAME IMAGES以及中国的全景视觉等。园区内数十家专业影棚，聚集了来自传媒界与广告圈的众多创意人士、摩登模特与时尚明星。竞园不仅成为中国第一家图片产业基地、亚洲最大的图片交易市场，也成为北京新的时尚地标。

位于北京市朝阳区八里庄东里1号的莱锦文化创意产业园，是北京另一个重要的工业遗产转型案例。莱锦文化创意产业园是北京市认定的“首批文化创意产业园区”之一，园区占地13万平方米。位于北京东四环外的京棉厂，曾是首都引以为傲的“纺织城”，与首钢一起被称为北京工业史上著名的“一白一黑”。“纺织城”里的最后一片厂房——占地面积相当于半个798艺术区的京棉二厂，曾是我国规模最大的棉纺织厂。如今，昔日昼夜不息运转的生产厂房，早已没有了纺织机械的轰鸣，取而代之的是现代时尚、安静整洁、拥有浓厚城市记忆的文化创意产业园。目前,驻园机构达百余家,园区聚集了包括中国数码文化集团、唯品会、山东影视、正午阳光等众多知名文创企业。《琅琊榜》《欢乐颂》《芈月传》《北平无战事》《知否知否应是绿肥红瘦》等热播剧都出自莱锦文化创意产业园。

京棉二厂之所以被改造成文化创意产业园,大致有以下几方面原因:

首先,是政策原因。798 艺术区的成功,让老北京工业遗产的价值开始受到关注。2005 年,北京市作出了大力发展文化创意产业的战略决策;2007 年《北京市保护利用工业资源,发展文化创意产业指导意见》出台;2008 年《北京市关于推进工业旅游发展的指导意见》等政策也相继出台。

其次,是区位原因。北京市朝阳区政府倡导并创立的国际传媒走廊业已形成,在这条传媒走廊上,京棉二厂是一个重要节点。它地处 CBD—定福庄国际传媒产业走廊中的重要位置,距中央电视台新址仅 3 公里。入驻企业昌荣传播公司的副总裁李卫民说:"这里离央视、北京电视台都很近,传媒类的制作公司、调研公司、咨询公司都在这附近,非常方便。以前从其他地方往这边跑,一个上午只能办一件事,现在都在这条传媒产业走廊上,一个上午可以办五六件事儿,无形中提高了效率。"①

最后,是情感原因。改造成文创园区可以尽可能多地保留原有的工业遗产,留下一些当时纺织厂的历史和文化,这是大多数老职工愿意看到的。于是 2008 年,京棉集团表示为实现企业转型和保护工业遗产,放弃原来的房地产开发计划,将京棉二厂改建为文化产业园。

---

① 林光宇. 京棉二厂旧址变身创意产业园[N]. 北京日报,2011-09-19.

今天,走进莱锦文化创意产业园,一双足有七八米高的粉红色巨掌伫立在道旁,苏联援建的主楼古朴、富有工业气息而又不乏活力,园区内纺织厂原有建筑的特色鲜明,同时又具有很强的时代特征。园区改造的主设计师——日本设计大师隈研吾先生,在充分保留原有建筑特色的前提下,采用结构分割、天然采光、立体绿化等措施将旧厂房改造为庭院式的工作环境。既最大限度地保留了原有的建筑风貌,又充分满足了文创企业办公的需求。园区内还保留着众多带有纺织元素的雕塑、机器设备、老旧照片等内容,让人们不仅感受到老厂房穿越时间的气息和魅力,而且直观地体会到工业企业对城市经济发展作出的巨大贡献。

## 第四节　综合城市开放空间模式

### 一、综合城市开放空间模式的概念

综合城市开放空间指的是供居民日常生活和社会公共使用的室外空间,包括广场、居住区户外场地、公共绿地及公园等,主要是与专用空间(运动场等)相对。

工业遗产可以被改造成具有工业风的景观公园,通过对工业遗产进行合理利用和改造,转换使用价值,使其继续为社会提供综合效益。如把厂房、仓库等改造成购物中心,配备咖啡馆、酒吧、健身房、服装城及儿童娱乐场所,供市民开展娱乐休闲活动,达到工业废弃地文化再生、环境更新、经济复苏等多重功效,为城市景观平添新的色彩。

景观公园或开放空间一方面继承了历史上辉煌的工业文明,另一方面也让历史和现实进行了有效对接，让工业文明与现代文明实现了“握手”。由德国慕尼黑工大教授、景观设计大师彼得·拉茨（Peter Latz）设计的北杜伊斯堡景观公园，就是此类改造的经典案例。北杜伊斯堡景观公园巧妙地将旧有的工业区改建成公众休闲娱乐的场所，尽可能地保留了原有的工业设施，同时又创造了独特的工业景观。在设计手法上，彼得·拉茨融合了艺术、建筑和景观的各种创作语言，北杜伊斯堡景观公园就是其运用结构主义设计景观的代表作之一。人们从已成为公园标志之一的由废弃铁板铺装而成的“金属广场”中可看到极简主义艺术风格的影子；而公园中地形的塑造、工厂的建筑物，甚至是废料堆积物等都可以归纳为“大地艺术”作品。

## 二、综合城市开放空间模式实例

北京焦化厂遗址公园是北京综合城市开放空间改造的代表。位于北京市朝阳区化工路、东南五环五方桥西北角的北京焦化厂，建立于 1959 年。这里曾使用中国自主研制的第一台炼焦炉生产了第一炉焦炭，也曾第一次将人工煤气通过管道输送至市区。近半个世纪后，随着北京申办夏季奥运会成功与城市建设的快速发展，老厂区已经不符合首都城市建设要求，尤其是环保的要求。2006 年焦化厂全部停产，2008 年前焦化厂完成搬迁。停产后的焦化厂原址并没有被拆除，“未来，这里将建成配套设施齐全的居住区、区域性的商业中心、鲜明特色的工业遗址公园”①。“按照有关部门规划，焦化厂未来可成为北京一座极具特色的城市工业遗址公园。厂区内一些附属设施拟经营

① 曹政. 紧靠 50 公顷遗址公园，北京焦化厂公租房年内投用[N]. 北京日报，2019 - 02 - 21.

酒吧及其他文化创意产业。公众在这里除了可以看到焦化厂原有的一系列生产工艺流程之外,还能感受到包括'煤之路''碳之路''气之路''化工之路'在内的四条特色景观路线。同时,焦化厂附近还将建设一系列文体综合活动基地以及商场、餐饮等休闲娱乐配套设施,从而使这个拥有50余年历史的老厂区能够重新焕发活力。"①

虽然该项目目前尚处在建设中,但是综合城市开放空间模式无疑是北京工业遗产进行升级改造的主要方向之一。

## 第五节 特色街区模式

### 一、特色街区模式的概念

主题街区,是一种在城市发展过程中逐渐形成的新型旅游资源,是城市旅游的重要吸引物。工业资源可以成为主题街区建设的重要背景和材料,如在工业遗产中注入一些新的结构和形态,或将工业元素作为创意源头,形成一个个生机勃勃的集购物、饮食、休闲、艺术打卡等多功能的消费综合区。工业主题的特色街区也是北京工业资源转化的一种重要模式,代表案例如798艺术区、石景山万达广场的厂东门1919等。

### 二、特色街区模式实例

798艺术区位于北京市朝阳区酒仙桥街道大山子地区,故又称大

① 蒋金洁,刘光宇.后工业时代北京市发展文化创意产业的新路径[J].科技智囊,2012(8):60-69.

山子艺术区，为原国营 798 厂等电子工业老厂区所在地。如今，入驻 798 艺术区的文化艺术类机构已经达到近 300 家，这里不但成了中国当代艺术的重要集散地，也成了北京市地标性文化产业园区。在 798 艺术区内，有众多的文艺小店值得一逛，如服装设计室、艺术工作室、工艺品小店等，应有尽有，且款式新颖，颇具设计元素。

2017 年 9 月，石景山万达广场打造了一条充满浓郁钢铁工业氛围的文化主题街区——厂东门 1919（厂东门是进入首钢的标志性建筑）。厂东门 1919 街区总建筑面积达 9，300 平方米，它以全新的设计视角，将工业与时尚完美融合，运用铁齿轮、燃烧锅炉、行进列车、炼钢工人等元素营造了有故事的主题空间（如图 3.1、图 3.2）。这里充满了火红历史年代的厚重质感，充满了浓郁的钢铁工业氛围，给消费者带来了强有力的视觉冲击，为消费者提供了美好的怀旧体验，成为购物潮流风向标和游人拍照打卡的必到之处。

**图 3.1　石景山区万达广场的厂东门 1919 主题街区 a**

图 3.2　石景山区万达广场的厂东门 1919 主题街区 b

## 第六节　企业开放日模式

### 一、企业开放日模式的概念

“首都国企开放日”活动由北京市委宣传部、首都文明办、北京市国资委、共青团北京市委、国务院国资委新闻中心等联合主办，围绕“创新、协调、绿色、开放、共享”五大理念，进一步深度挖掘首都国企在践行企业责任过程中所作的努力和贡献，让广大市民进一步了解国企、认知国企、理解国企、支持国企，从 2016 年至今已经举办了四届。“首都国企开放日”是北京工业资源文化创意产业转化的新渠道。

在企业开放日中，各个企业都会设计参观游览线路，向广大民众开放,既有力地弘扬了企业的文化风采,也刺激了消费。例如,2019 年第四届“首都国企开放日”中,北京石景山首钢园区的参观内容有:参观陶楼,了解百年首钢的发展历程;参观国家体育总局冬训中心冰壶馆,了解精煤车间如何改造为现代化的国家训练场馆;登上石景山,俯瞰首钢厂区全貌;参观星巴克,感受首钢园区的新变化等。北京金隅琉水环保科技公司的参观内容有:参观水泥博物馆,参观飞灰中控室,参观水泥文化园等。

通过“首都国企开放日”活动,各类企业同步开放,营造了首都企业大家庭的和谐氛围,也让工业文化产业集体亮相,拓宽了工业企业与公众亲密接触的渠道,是展示新时代工业企业魅力的舞台。

## 二、企业开放日模式实例

从 2016 年至今,北京举办了四届“首都国企开放日”活动(如表 3.1),让民众在开放日走入正在生产和经营的国企。许多工业企业如首钢集团、龙徽酿酒有限公司、红星二锅头酒厂等都在活动之列。

2019 年的第四届“首都国企开放日”活动共有 48 家企业报名(如表 3.2),其中北京市管企业 35 家、中央在京企业 11 家、区国资委隶属企业 2 家;开放线路总数达 126 条(含重大建设项目线路 11 条、民生项目线路 32 条、名牌“老字号”线路 12 条、文化产业线路 11 条、博物馆展厅线路 17 条、高科技产业线路 4 条以及其他类型线路 39 条),其中包括 18 条外埠线路、2 条境外线路(香港、澳门)、1 条国外线路(莫斯科)。2019 年有 61 条企业新开放线路与民众见面,占开放总数的 48%。

**表 3.1　首都国企开放日**

| 届数 | 时间 | 主题 | 开放企业数目 | 活动亮点 |
|---|---|---|---|---|
| 第一届 | 2016 年 5 月 14 日 | 无 | 100 家 | 设立"'首都国企开放日'点赞"专用二维码，高达 30,326 次的点赞量反映出微博、微信用户对"首都国企开放日"活动的高度认可 |
| 第二届 | 2017 年 6 月 10 日 | 喜迎十九大，走进新国企 | 132 家 | 此次活动中有 35 条线路邀请在京外国友人参观首都国企，还邀请残疾人进入企业"绿色通道"参观，感受国企的温暖与真诚 |
| 第三届 | 2018 年 6 月 10 日 | 无 | 155 家 | 分设"专题展览""现场表演""游戏互动""交通体验"4 大类，包括 10 项文化展示活动。参观者可现场观看纯电动车、双源无轨电车和插电增程车三大门类的电驱动车，包括"中国红"18 米纯电动车、"电鲶鱼"18 米双源无轨电车、"小黄蜂"6 米油电混动车、仿古铛铛车等网红车型 |
| 第四届 | 2019 年 6 月 2 日 | 辉煌七十载，再谱新华章 | 48 家 | 紧扣新中国成立 70 周年主题讲述国企变迁；展示重大活动、重点项目中，国企的责任担当；更加贴近百姓生活；展现国企转型发展新局面；增加多个"老字号"企业的相关展示；各类企业同步开放参观，境外企业也参与其中 |

**表 3.2　第四届"首都国企开放日"导览之部分"出镜企业"①**

| 序号 | 企业名称 | 宣传定位 |
|---|---|---|
| 1 | 北京牡丹电子集团有限责任公司 | "牡丹"花开三地　"智"留香 |
| 2 | 北京市政路桥集团有限公司 | 装配式建筑"搭建"美好生活 |
| 3 | 北京红星股份有限公司 | 走进前门源升号博物馆<br>探秘北京二锅头酒文化 |

① 第四届"首都国企开放日"导览[N]. 首都建设报(特刊),2019－06－02.

续表

| 序号 | 企业名称 | 宣传定位 |
| --- | --- | --- |
| 4 | 北投集团 | 走进运河商务区<br>感受高端商务新业态 |
| 5 | 华夏银行 | 服务民生　与首都同行 |
| 6 | 北京现代 | 创合资典范　再踏新征程<br>以“红色动力”助推企业扬帆远航 |
| 7 | 燕山石化 | 探秘智慧能源　走进绿色工厂 |
| 8 | 首开集团 | 构筑美好生活　致力城市复兴 |
| 9 | 同仁堂 | 走进同仁堂健康药业 |
| 10 | 北京公交集团 | 百年公交与您一路同行 |
| 11 | 首钢集团 | 走进首钢园　感受百年新首钢 |
| 12 | 龙顺成 | 走进龙顺成　感受京作文化 |
| 13 | 北京金隅琉水环保科技有限公司 | 践行绿色转型　促进生态文明 |
| 14 | 北京金隅北水环保科技有限公司 | 转型环保产业　实践绿色经济 |
| 15 | 北京自来水集团 | 探寻水的奥秘 |
| 16 | 京城机电 | “腾笼换鸟”展新貌　转型升级添功能　逛“公园”看“万花筒”　参观“世界金牌技师摇篮” |
| 17 | 首农食品集团 | 走进首农食品　品味美好生活 |
| 18 | 北京时尚教育平台 | 体验文化艺术韵味　感受时尚潮流魅力 |
| 19 | 京能集团 | 感受清洁能源科技生产之美 |
| 20 | 首发集团 | 为人民修路　保交通畅通 |
| 21 | 中铁电气化局 | 提供绿色智能轨道交通产品和服务 |
| 22 | 北京市工业技师学院 | 走进职业院校　体验职教发展 |
| 24 | 北京龙徽酿酒有限公司 | 走进百年龙徽　感受中国红酒文化 |
| 25 | 北京工美集团 | 品大美非遗　展中华文化新辉煌 |
| 26 | 首创东四胡同博物馆 | 品国风文化　探胡同静巷 |

# 第四章
# 北京工业文化创意产业的人文内涵

北京不仅工业发展起步较早，而且也是率先进行工业资源文化创意产业转化的城市之一。早在20世纪90年代，北京的三元乳业、燕山石化、燕京啤酒等企业就已对游人开放，可以视为北京工业旅游的前奏。在2004至2007年由国家旅游局授予的4批345家全国工业旅游示范点企业中，北京拥有14家。而今，北京已有60余家企业开展了工业旅游活动，累计参观游客达数百万人次。

除了工业旅游之外，北京对工业遗产旧址的改造更是走在了全国前列，对促进我国的文化产业改革具有积极意义。798艺术区就是成功地将斑驳的工厂遗产变为中国当代艺术聚集区的佳作。751时尚设计广场借助原有的工业设施，改造为开展文化交流的平台和进行展览、展示、演艺等大量文化创意活动的重要基地，并且成为北京打造"国际时装之都"的重要舞台。充满创意的当代艺术品与工厂机械相映成趣，纵横交错的管道、巨大的发生罐、高高的烟囱，在艺术的氤氲中变得绚丽多彩，亦真亦幻。这些成功的变革不仅令工业遗产"化腐朽为神奇"，更为北京平添了充满先锋和时尚感的文化气息。

北京东侧的798艺术区是先锋艺术的代表，西侧的龙徽酿酒有限公司又是穿越百年的京华镜像。它们符号鲜明,人文内涵相对清晰,既保留了工业文明的遗迹,也对接着一个新时代,是值得分析的文创案例。

当然,文化创意产业旨在不断地满足人们发展变化的文化需求。随着人们需求的发展变化,文化产业也要不断地改进自身,创造甚至是引领需求。从这个意义上讲,北京工业文化产业的现有成果,也需要不断地发展和完善。

## 第一节　先锋艺术集散地:798 艺术区

### 一、798 艺术区概况

798 艺术区位于北京市朝阳区酒仙桥街道大山子地区,故又称大山子艺术区。区域西起酒仙桥路,东至酒仙桥东路,北起酒仙桥北路,南至将台路,面积达 60 多万平方米,距首都机场高速、北京几个使馆区都比较近。

798 艺术区的前身是新中国"一五"期间建设的北京华北无线电器材联合厂,即 718 联合厂。它是由周恩来总理亲自批准,王铮部长指挥筹建,苏联、东德援助建立的电子工业基地。主要建筑由 20 世纪 50 年代东德专家设计并建造,采用了当时世界上最先进的工艺和包豪斯设计理念,并于 1957 年 10 月正式投产。1964 年 4 月,718 联合厂撤销建制,成立部直属的 706 厂、707 厂、718 厂、797 厂、798 厂、751 厂。2000 年 12 月,700 厂、706 厂、707 厂、718 厂、797 厂、798 厂等 6 家单位整合重组为北京七星华电科技集团有限责任公司(简称七星集团)。

20 世纪 90 年代,这些国营厂随着电子工业的变迁逐渐走向衰落,大量的厂房闲置下来。为了整合利用原有的厂房资源,七星集团开始将厂房对外出租。

798 艺术区的建立与中央美院的搬迁有着直接的关联。1995 年,中央美院迁出王府井校区,直到 2001 年才正式迁入望京花家地新校区。为庆祝新中国成立 50 周年,中央美院接受政府委托,设计并制作抗战主题雕塑。由于当时场地的限制,学校租用器材厂的旧厂房进行创作。在中央美院师生的带动下,这处老厂房成为艺术家们创作的集聚地,成为中国当代艺术区的雏形。2002 年 2 月,美国人罗伯特租下了这里 120 平方米的闲置厂房,并将其改造成“前店后公司”的模式,主要经营中国艺术网站。罗伯特很多的艺术家朋友在交往中也看中了这里宽敞的空间和低廉的租金,于是陆续租下一些厂房作为工作室或展示空间。2002 年前后,是艺术家进驻的高峰时段。2003 年,艺术家黄锐和徐勇发布了号召“再造 798”的宣言。“再造 798”活动影响力巨大,各家艺术机构都在自己的区域举办展览,前来参观的人数也规模空前。同年,北京 798 艺术区被美国《时代周刊》评为“全球最有文化标志性”的城市中心之一,北京也被《新闻周刊》评为年度十二大世界城市之一。

如今,入驻 798 艺术区的文化艺术类机构已经达到近 300 家,比较著名的有:尤伦斯当代艺术中心、常青画廊、东京画廊 BTAP、蜂巢当代艺术中心、白盒子艺术馆等。大量艺术机构的进驻,带动了园区内的客流量,而客流量的增加,又带动了其他产业的发展。目前园区内已经形成了以艺术机构为主,酒吧、咖啡馆、西餐厅、书吧等服务业为辅的综合性休闲娱乐类商业社区(如图 4.1)。2006 年,《北京市“十一五”规划纲要》将文化创意产业列为北京市重点发展产业,798 艺术区成为北京市首批挂牌的文化艺术创意产业园区之一。

798 艺术区是创意者利用工业文明遗产“自上而下”形成的文化创意产业集聚区的典型代表。从废弃的工厂到当代中国最大和最有影响力的艺术集散地,798 的“再造”过程也是其内部文化创意产业不断积聚、空间不断发展的过程。受 798 艺术区的影响,其周围形成了以 798 艺术区为中心,包括酒厂国际艺术园区、一号地艺术区、草场地艺术区、索家村和费家村艺术村落等十余个文化艺术园区。

**图 4.1　798 艺术区景观**

## 二、798 艺术区工业资源的转化利用

因为是由老工业园区改造而成的,所以 798 艺术区还蕴含着大量的工业特色和工业精神。

其一,园区建筑在设计方面,具有德国包豪斯风格。德国建筑物的科学严谨和一丝不苟,在样式和实用两个方面形成了有机的统一,也在 798 艺术区中形成了鲜明的特色。“如今，随着城市的发展，世界上能够完整保留下来的包豪斯风格的建筑已经不多见了，我国能够完整保留下来这些建筑，其本身的文化遗产价值不言而喻。”①

其二，园区的规划和布局有着制度性的规定，从整体来看，园区中有风格统一的工业建筑群。在 798 还是工业园区的时候，由于工厂需要加工材料，所以厂区内的材料库房和冶炼熔炉等都位于交通线附近，或者设有专用的铁路线，方便材料的运输。至今在 798 园区内还可以看到铁轨和机身、蒸汽输送管道等代表工业生产的元素。蒸汽输送管道蜿蜒贯穿部分园区，铁路旁边则是高高耸起的冶炼炉，这些都是工业时代特有的景观。

其三，园区的整体氛围富有浓重的时代特色。由于工业建筑和工业气息的交融，园区内并没有新的风格的表达和展示，像与外面的世界“隔绝”了一般，在现代社会留下了工业文明的印迹。

其四，园区内的艺术设计与机械设施并不相互排斥，而是相互融合，协调有序。设计师和建筑师有力地维持和保护了城市工业文明遗址，将其与现代艺术巧妙地结合在一起。

## 三、798 艺术区文化产业发展的现存问题与评价

798 艺术区作为北京最早和相对完善的工业文化产业聚集地，目前存在的问题如下：

其一，品牌特色不够鲜明。

798 艺术区曾以“先锋艺术”而闻名，但现在的 798 艺术区被商业

---

① 于少东，李季. 中国经典文化产业园区[M]. 北京：中国建筑工业出版社，2015：3.

气息所包围,大有从“艺术盛宴”变为“小商品市场”之嫌。曾经,艺术家及艺术机构的集聚是798艺术区得以存在、逐步发展并形成世界影响力的源动力。艺术家、艺术机构及其创造的艺术作品、艺术环境、艺术氛围是吸引游客来此参观的核心动力。一项针对游客的调查显示,接受艺术熏陶(43.1%)、感受时尚氛围(41.5%)、购买艺术品(22.2%)、看画展(19.6%)是游客来798艺术区的主要目的。可见,文化艺术区不同于一般的旅游景区,艺术家、艺术品、艺术机构和艺术本身才是文化艺术区的核心吸引物。但随着798艺术区的快速发展,其内外部环境也发生着变化,大量商业性机构进入798艺术区,改变了最初单纯的艺术氛围。2003年,798艺术区的艺术家工作室、画廊和艺术机构有55家,商业性机构极少。而目前,798艺术区的个人工作室、画廊、艺术机构共134家,单独的餐馆、酒吧有20余家,加上部分艺术机构和画廊开的餐厅,共有约30家,其他公司和时尚店铺有40余家,艺术类机构和商业性机构的比例已达1.8:1.0。当前,798不再具有原初的艺术情怀和气质,让真正的文人艺术家远离。这对品牌文化和品牌精神有重大的伤害。

其二,经营形态零散,经营观念落伍。

近年来,798艺术区在大众心中不再占据当年的重要地位,这并不是因为798艺术区里的内容品质下降了,也不是园区不“酷”了,而是十几年过去了,798艺术区的商家依然处于简单聚合的零散经营状态中,彼此之间没有形成协同效应。在价值呈现方面,798艺术区依然停留在卖作品、卖门票、卖活动、卖展览、卖餐饮的传统形态上。而要想做一个既有知名度和影响力,又有经济效益和竞争力的文化产业园区,必须形成整合的生态与创新的业态。要想建立新业务和新模式,最重要的是发现新的市场需求。事实上,中国正处于有史以来最好的文化产业发展态势之中，而文化产业的繁荣，首先体现在对文化产品的强烈需求上。作为一个大型艺术园区，798 并没有以园区特色为主题或背景生产过相关文创产品，这便是其目前的商业空白。

在这一方面，故宫早已做了示范。2008 年，故宫文化创意中心成立。在传统文化从简单商品到创意产品的发展过程中，故宫搭建起自己的文创商业版图和一个坚守 IP 价值与开放互动的产业链。近年来，故宫文创不断推陈出新，潮品爆款层出不穷，不断尝试花式营销玩法，600 岁的故宫终于活成了“网红”。故宫推出的纸胶带、折扇、帆布包、国宝色口红、“故宫美人”面膜、《我在故宫修文物》等文创产品赚足了热度。

798 艺术区也可以紧跟市场需求，开创属于自己的特色文创产品，打造具有凝聚力的经营形态和品牌；开创线上、线下联合售卖模式，与其他品牌合作共赢，加大宣传力度，获得更广泛的知名度。

其三，部分展馆一成不变、老旧雷同。

提到 798 艺术区，想必大家最熟悉的一定是“活的 3D 博物馆”，它也是文艺青年必去的景点之一。3D 博物馆分为三大展区：酷玩 3D 壁画馆、夜光画馆、活的美术馆，具有科技性、人文性、创意性、娱乐性和互动性五大特征，奇幻、搞笑、逼真、有趣。但时间长了，你会发现微信朋友圈总是出现背景相同的创意照片，不免让人有些审美疲劳。这也是园区面临的问题之一——部分展馆一成不变，让人失去了再次参观的兴趣。“活的 3D 博物馆”只是一个小小的缩影，但这也说明，整个园区急需创新。例如，可以根据不同的年份、季节、时令、节日，推出相关特色主题展览，更贴近游客生活，更有时效性。

针对以上三类问题，本研究有如下思考。

798 艺术区的兴起与一些重要的历史契机相关，其兴盛与艺术家的大规模入驻和内容为王有关。798 艺术区的模式并不是其他园区可以复制的,因此 798 艺术区的发展也必须遵循内容为王的规律。在租金上涨、艺术家“出逃”的情况下,或许需要地方政府给予艺术家政策上的倾斜和扶持。

第一,合理定位,打造特色。798 艺术区作为北京文化创意产业园区的代表,应继续发挥北京文化艺术园区的示范作用;明确发展定位,对园区进行合理规划,寻找商业与艺术的最佳结合点,并做到主次分明;坚持艺术园区的专业特色,将艺术创作、艺术品展示、文化艺术论坛、艺术品拍卖等作为主打项目,强化园区的品牌形象;将其他非艺术机构作为补充元素引入园区,合理配置资源,使现代文化产业得到更好的发展。

第二,守护艺术,培养人才。在文化创意产业的发展中,尽管科技和资金的作用至关重要,然而文化本身的魅力也不容忽视。政府要重视文化艺术的价值,注重文化创意人才的培养。首先,利用高等院校和科研机构,构建立体式的艺术人才培养体系,为 798 艺术区乃至全国文化艺术区做好人才储备。其次,798 艺术区作为以艺术为核心资源的产业园区,必须强化人才战略,通过优厚的条件吸引国内外优秀艺术家入驻园区,以此提升园区的品位和层次。最后,园区应为已经入驻的人才,提供良好的创作氛围和空间。总之,通过一系列政策让 798 艺术区不断有新鲜血液注入,为我国的文化创意产业储备能量。

第三,不断创新,完善管理。规范化管理是园区发展必需的手段,由于 798 艺术区已经在慢慢偏离建立的初衷,许多元素开始制约着园区的发展。要使园区摆脱这些不利因素,管理方就要根据实际情况,建立一套符合园区实际的、行之有效的管理体系,实施精细化管理,为文化创意产业的可持续发展保驾护航。

除此之外,798 艺术区还存在配套设施不完善,缺乏明确路标、指引等问题,需要进一步优化。

## 第二节　以创意为能量:北京现代汽车文化中心

### 一、北京现代汽车文化中心概况

北京现代汽车文化中心坐落于 798 艺术区,是北京现代汽车文化产业中的重要组成部分。北京现代汽车有限公司(简称北京现代)在这里实践着汽车与文化的跨界碰撞。

2002 年 10 月 18 日,北京现代由北京汽车投资有限公司和韩国现代汽车公司(简称现代汽车)共同出资成立。如今,北京现代已经拥有北京汽车生产基地的三座整车生产工厂、三座发动机生产工厂和一座技术中心。在“京津冀协同发展”“长江经济带发展”等国家战略的指引下,北京现代先后启动建设河北沧州工厂和重庆工厂项目。北京现代从京内发展到京外,不仅为北京汽车工业和北京市整体经济的发展起到推动作用,更逐渐成为中国汽车工业改革中一股不容忽视的力量。

北京现代汽车文化中心是继韩国、俄罗斯现代汽车文化中心等之后,现代汽车成立的第 6 家品牌文化空间。北京现代汽车文化中心于 2017 年 11 月 1 日正式开馆,虽然只是一幢由旧厂房改造成的两层建筑,但是书吧、多功能厅、咖啡区、空气净化系统等基础设施完善,内部别有洞天。这里巧妙地将汽车文化和艺术融合在一起,以“Creative Energy(创意能量)”为核心,通过在艺术、设计、科技等领域的不断创新,邀请观众一起思考并挑战当代中国人的生活方式,从而丰富品牌的文化内涵。北京现代希望通过打造这样一个文化中心,将企业的文化精神展示给人们,加强人们对企业价值观的认同感,形成品牌营销(如图 4.2)。

图 4.2 北京现代汽车艺术中心内景观

## 二、北京现代汽车文化中心工业资源的转化利用

北京现代自成立之初便摒弃了只强调经济效应而忽视公共效益的短视行为,在长期实践过程中,进一步深入理解社会责任与企业文化之间的关系,将履行社会责任作为企业文化建设的重要一环,使积极履行社会责任成为北京现代品牌内涵中的重要组成部分。秉承“着眼经济社会长远效益”的理念,北京现代在教育、环保、救灾、文体赞助等领域投入资金,逐步建立以成长计划、蓝天计划、幸福计划为核心的CSR(企业社会责任)战略体系,并将和谐文化、人才文化和责任文化融入公益活动中,全面提升了北京现代的企业形象。现代汽车努力推

动艺术与生活的共荣共生，探索科技与艺术的融合之美。自 2010 年以来，艺术就已逐渐成为其全球品牌营销的重点。为了能够持续发展艺术产业，“开启生活的另一种可能”，并给更多的人提供有意义的经验，现代汽车超越了原有的赞助形式，与彭博社合作开发潜力艺术家项目，与英国伦敦的泰特美术馆、美国加利福尼亚州洛杉矶乡村艺术馆等世界艺术机构建立了长期合作关系，推出了丰富多彩的艺术活动。

北京现代汽车文化中心将现代汽车的工业资源和 798 艺术区的独特艺术氛围联系起来，是融合汽车文化与艺术的跨界实验基地、品牌体验空间。这里运用尖端科技碰撞当代艺术，发掘中国文化跨界的可能性，鼓励设计师、艺术家、思想家和大众展开积极对话，以高瞻远瞩的国际视野和宏大格局拓宽人们对设计、艺术和环境的认知边界。比如，这里有一个引人瞩目的突破性装置，它是位于北京现代汽车文化中心入口和大厅的世界顶级空气净化系统。该系统通过视觉显示屏将空气净化过程用艺术的方式直观展示给观众。同时，馆内大幅 LED 屏幕展示出的空灵景象画面辅以空旷的空间，营造出一种冥想意境，展现出现代汽车的品牌理念：关于燃料电池技术及未来清洁能源的畅想，体现了品牌对可持续性发展和创新发展的承诺。

## 三、北京现代汽车文化中心文化产业发展的现存问题与评价

北京现代汽车文化中心自创建以来，举办过的主要展览有：“社会流动：预想众身之行”“漂流：The Precariousness”“陆上行舟：BOAT TRAVELLING ON LAND”“未来演化：我们的共享星球”“准自然—生物艺术，边界与实验室”“撒谎的索菲亚，嘲讽的艾莉克莎”“有限人类——人类的极限与局限”“游戏社会：狼、猞猁和蚁群”“AI：爱与人

工智能”“线悬世界”“梦・碑・纪”“坐标系・天空盒”“你好,机器人——人类、机器与设计”等。

从定位上来说,北京现代汽车文化中心是以“Creative Energy(创意能量)”为核心激发创意灵感,运用尖端科技碰撞当代艺术。中心举办的展览大多具有鲜明的先锋性、实验性、跨界性,如在展览“梦・碑・纪”中,策展人根据“八月乘槎”的宇宙观,设计了三个故事情节,分别为“寻梦而去”“至碑一处”“归而得纪”,让人仿佛进入一场时空之旅,身处一个运动的河流状的太极中。

先锋性、实验性、跨界性的活动和展览虽然能够展示现代汽车超越“单纯的运输工具”的品牌理念,但是通过一系列活动和展览不难看出,这些主题与现代汽车的品牌并没有多大的联系。既然要丰富品牌文化内涵,那么展览的主题其实可以更贴近汽车、科技,比如“撒谎的索菲亚,嘲讽的艾莉克莎”展览。从审美上来说,该展区因为色调和高度的原因,使参观者在进入二层的瞬间可能感受到一种压抑氛围。以往的展览也多以黑色背景、白色字体介绍为主,这样做虽然能够使人对内容一目了然,但是难免让人产生视觉疲劳。这么多期展览的整体风格并没有太大变化,很难让人们对汽车文化中心的活动保持热情和好奇。此外,从展览设计角度来说,在进入“撒谎的索菲亚,嘲讽的艾莉克莎”第一个展区时,弧形屏幕虽然显得科技含量很高,但是观看视角过窄,容易使人产生眩晕感。而且由于展出的内容分散且板块大小不一,如果没有讲解员带领,参观者很难将整个展区顺利地看完。

另外,展览的宣传推广力度远远不够。信息时代的宣传推广方法有很多,微信公众号、微博、百度、抖音等都能成为推广平台;同时,推广对象也不要局限于个人,团队、企业甚至政府都可以成为推广对象。

## 第三节　穿越时光的京华镜像：龙徽 1910 文化创意产业园

### 一、龙徽 1910 文化创意产业园概况

龙徽 1910 文化创意产业园位于北京市海淀区玉泉路 2 号。龙徽葡萄酒博物馆、国际酿酒大师艺术馆、北京国际酒类交易所、慧和天语艺术空间是龙徽 1910 文化创意产业园中的四个标志性建筑。旧工业风格与现代艺术的完美融合，给人们带来独特的视觉冲击。这里总占地面积达 100 亩，建筑总面积约为 50,000 平方米，其中包括地上建筑面积 40,000 平方米、地下建筑面积 10,000 平方米，是集文创办公、文化传播、特色商业、创意餐饮、极限娱乐、体验居住、国际交流、综合服务等多业态为一体的综合性服务园区。

龙徽酒厂始建于 1910 年，已有百年历史，酒文化浓郁。1959 年龙徽酒厂生产出著名国宴用酒"中国红"；1963 年夜光杯"中国红"荣获轻工业部葡萄酒评比唯一金奖；1988 年，"龙徽"以标志性的五龙印章正式载入中国葡萄酒名录；2001 年上海 APEC 峰会、2005 年北京全球财富论坛、2010 年北京王府井国际品牌文化节，龙徽葡萄酒是唯一指定宴会用酒；2005 年至 2009 年，龙徽酒厂连续 5 年荣获亚洲"最有价值的葡萄酒厂"第一名；龙徽酒厂先后在世界各地著名的葡萄酒大赛上荣获 70 多项大奖，在国内外葡萄酒界享有崇高声誉。2018 年，北京龙徽国际酒文化创意产业有限公司正式成立，公司以龙徽葡萄酒厂区为基础，以酒文化为核心，以新兴科技为支撑，以文化创意为灵魂，依托海淀区科技与文化优势，秉承绿色、节能、公益的理念，实现深度融

合与创新融合,多方倾力打造龙徽 1910 文化创意产业园。同年,龙徽 1910 文化创意产业园作为比利时布鲁塞尔国际葡萄酒大奖赛(英文简称 CMB)赛事期间唯一对民间开放的分会场亮相全球。

## 二、龙徽 1910 文化创意产业园工业资源的转化利用

在园区当中,龙徽葡萄酒博物馆最能够体现对工业信息的保留与展示。龙徽葡萄酒博物馆坐落在龙徽公司拥有近百年历史的地下酒窖上,是全市唯一一家讲述北京葡萄酒百年文化及历史发展的葡萄酒博物馆。它不仅是北京市工业特色旅游示范点、北京市青少年科普教育基地,也是宣传龙徽公司企业文化、品牌文化,普及葡萄酒知识,扩大中外葡萄酒界交流的平台。

龙徽葡萄酒博物馆是一座古朴典雅的明清风格建筑(如图 4.3),分为地上展厅、地下酒窖、红酒文化餐厅和国际酒廊四大部分。地上

图 4.3 北京龙徽葡萄酒博物馆

部分主要是起源厅、葡萄酒老工艺展示厅、企业发展厅、产品厅、影视厅、公共知识厅和个性化制作互动厅;地下部分是龙徽公司的酒窖、酒池和储酒长廊。龙徽葡萄酒博物馆从历史沿革、葡萄酒生产储存以及葡萄酒文化等角度全面清晰地介绍了北京地区葡萄酒产业从 20 世纪初至今,在生产工艺、研发技术、瓶储窖藏、品牌建设与文化传播方面的历史沿革及其对推动中国葡萄酒产业的发展所做的贡献。

博物馆的对面是一家独具特色的红酒文化餐厅。参观完博物馆后,人们可以品尝龙徽佳酿红酒,享用西餐美食,感受红酒文化。

除了龙徽葡萄酒博物馆外,园区中另一个引人瞩目的地方就是国际酿酒大师艺术馆。艺术馆高大开阔,结构明快简洁,兼具历史感与时尚感。艺术馆的前身是龙徽酒厂的厂房。这间厂房是 1956 年苏联援建中国时建设的,在当时苏联援建的 156 个项目中,这是唯一一个食品类项目,并且由新中国第一任总理周恩来亲自督建。厂房整体为经典俄式建筑,所有铸铁件全部来自德国,至今仍保留着一部分当年的工业遗迹和风貌。国际酿酒大师艺术馆自 2016 年 6 月 25 日开馆以来,获得了国内外同行的高度关注。艺术馆空间设计获得 2016 年 BEST100 中国最佳设计奖、2016 年伦敦设计大奖公共空间设计全球金奖、2017 年德国红点传媒大奖等 7 项国内国际大奖,并被作为经典案例收录进台湾年度畅销书《当代建筑的逆袭》中。

## 三、龙徽 1910 文化创意产业园发展的现存问题与评价

首先,在营销和推广方面,龙徽公司的宣传中心还是公司本身,而非它的文化创意产业园。对于创意产业园的宣传及标识很少,整个园区在标有“北京国际酒类交易所”的大门里面,且门口仅有龙徽葡萄酒

博物馆的字样而没有关于创意产业园的只字片语。调研时,笔者发现葡萄酒博物馆及其他场馆的参观者十分稀少。由此可见,大众对于创意产业园的认知度较低。不论是线上还是线下的广告都比较少,没有起到很好的宣传作用。

解决方案:(1)举行更丰富多样的活动对文化产业进行宣传,如举行免费红酒试喝、线上葡萄酒知识问答等活动提升知名度。(2)邀请知名作家撰写宣传文章推广葡萄酒文化或利用有一定影响力的公众号、自媒体等进行宣传推广。(3)依托"老字号的新发展"等主题进行文化宣传,让更多人了解创意产业园的存在。

其次,龙徽公司对自身的文化产业转化不足。在园区的展馆中,既有国际酿酒大师艺术馆这种和公司文化相关性较高的场馆,也存在一些与公司本身相关性较弱的展览,如"中国水墨遇上马勒交响曲艺术展"。整个展览几乎没有体现龙徽葡萄酒的相关文化因素。因此,公司应在园区中渗透更多的企业文化元素,更多地利用场馆进行文化产业转化和展示,而非单纯地承接一些商业展览项目;可以利用展馆展出公司的葡萄酒周边产品,或者与其他品牌合作办展,甚至生产文化创意产品。例如,可以与故宫合作推出文创产品:宫廷系列葡萄酒、带有祥云或龙鳞花纹的酒具,等等。

最后,龙徽公司应更多地致力于打造自身品牌文化特色,彰显企业精神。独特的企业文化也是红酒文化的基点,红酒品牌文化是建立在企业精神之上的。每一个品牌都有其特点,只有从品牌自身出发,塑造良好向上的企业文化,对红酒的口感、加工工艺等基本品质进行改良,才能真正得到消费者的青睐。例如,同为红酒品牌的张裕公司就有"传奇品质,百年张裕"的品牌文化口号,其"爱国、敬业、优质、争雄"的企业精神被员工奉为立业之本。龙徽公司则可以从原料的产地、采集挑选、加工工艺、储存方法、品闻方法、口感特点等方面介绍品牌的特点，从而形成独特的品牌文化。龙徽公司葡萄酒的生产重品质，不仅将葡萄产地选在世界葡萄栽培黄金带上，还引进法国葡萄名种，严格控制产量的栽培标准。所以，龙徽公司可以将“精挑细选，严控标准”作为企业的品牌文化口号。

此外，把名家诗词、传说故事融入品牌文化中可以为品牌增色不少。唐朝时，葡萄美酒便成了诗人们文思泉涌的催化剂和人生不可或缺的“知己”。自称“酒中仙”的李白尤喜酒后作诗，其在《对酒》一诗里给予了葡萄酒崇高的赞美：“蒲萄酒，金叵罗，吴姬十五细马驮。青黛画眉红锦靴，道字不正娇唱歌。玳瑁筵中怀里醉，芙蓉帐底奈君何。”他还在《襄阳歌》里幻想每日都可豪饮三百杯葡萄酒。而王翰在“葡萄美酒夜光杯，欲饮琵琶马上催”的千古名句里，想必已将葡萄酒视作可以慰藉边塞苦寒生活的情人了吧。北宋大文豪苏轼在《老饕赋》中写道：“弹湘妃之玉瑟，鼓帝子之云璈。命仙人之萼绿华，舞古曲之郁轮袍。引南海之玻黎，酌凉州之蒲萄。”在苏轼看来，用南海精美的玻璃杯来盛装凉州出产的葡萄酒，乃是聆听仙乐、欣赏仙女跳舞时的一大乐事，只有葡萄美酒这种琼浆玉液才够资格与仙乐、仙女相提并论。因此，把我国悠久的葡萄酒饮用历史加入品牌宣传中，可以增加品牌文化的历史积淀和底蕴。

目前，龙徽 1910 文化创意产业园已进入改造升级阶段，据悉，“该项目建成后将注重传承葡萄酒文脉，推动京津冀红酒产业链创新发展，同时将进一步增强地区产业支撑，补充公共文化设施，引领周边居民高品质生活需求”①。

① 引领高品质生活需求，拓展公共文化空间，龙徽 1910 文创产业园 9 月竣工[N]．北京日报，2021－06－04．

## 第四节　一颗红星永流传：前门源升号博物馆

### 一、前门源升号博物馆概况

北京前门源升号博物馆位于前门大街 99 号，是北京红星股份有限公司 2011 年创办的展示北京二锅头酒文化的私立博物馆。二锅头的酿制始于元朝，成型于清朝康熙十九年（公元 1680 年）。康熙十九年，前门源升号的酿酒技师赵存仁、赵存义、赵存礼三兄弟开展技术创新，采用“掐头去尾取中段”的技艺酿酒，后被北京乃至中国各地的酿酒业广泛采用。1949 年 4 月，中央税务总局下发《关于成立华北酿酒实验厂的通知》。同年 5 月，华北酒业专卖公司实验厂（红星前身）收编了“源升号”“龙泉”“同泉涌”“永和成”“同庆泉”等 12 家北京知名的老字号，在北京建国路 90 号创建了工业化酒厂。

2011 年 9 月 28 日，北京红星股份有限公司投资兴建的两座二锅头博物馆——北京二锅头酒博物馆、北京前门源升号博物馆正式开馆，开馆仪式在怀柔区的北京二锅头酒博物馆举行。北京前门源升号博物馆位于前门商业区，是在北京二锅头之源“源升号”原址上的复建。

2014 年 1 月 8 日，前门源升号博物馆重装亮相（如图 4.4）。新开设的门面前增添了“文官闻香落轿，武官知味下马”的雕塑群，内部还原了酒馆“前店后坊”的布局。据说，古时客人不仅可以在此享用美酒，还能够看到整个白酒的生产过程，这在当时是其他小酒馆所不能及的。2021 年 5 月 26 日，前门源升号博物馆举办重装开业典礼，国家

**图 4.4　北京前门源升号博物馆**

级非遗二锅头技艺传承人高景炎、任可达和葡萄酒专家白镇江等共同见证了博物馆的全新亮相。这家开在北京中轴线前门大街上的中国酒博物馆成为新晋的“网红”打卡地。

## 二、红星二锅头工业资源的转化利用

北京前门源升号博物馆是北京红星股份有限公司进行文化产业转化的标志。它不仅体现了工业与文化的交融，也展现了北京红星股份有限公司的企业精神。

二锅头的酿制始于元朝,成型于清朝康熙十九年(公元 1680 年)。如前文所述,赵氏三兄弟开展技术创新,采用"掐头去尾取中段"的技艺酿酒,仅选取第二锅冷却流出的烧酒,从而极大地提高了酒的品质。这项改进标志着"二锅头工艺"的诞生。自赵氏兄弟以来,北京二锅头酒传统酿制工艺传承十几代,凝聚着北京酿酒技师的聪明才智。前门源升号博物馆用这段历史向大家展现企业创新的精神、追求品质的精神。1949 年,作为开国献礼酒的酿造者,红星传承而生。红星是著名中华老字号企业和国家级非物质文化遗产保护单位,具有鲜明的红色基因。

目前,博物馆还保留着明清时期的建筑风格,展区分为上、下两层。内部为"前店后坊"模式,有几个较大的展览板块,分别为:二锅头酒发源地遗址复原、二锅头百年传承的历史、作为新中国献礼酒的红色基因、北京老酒珍藏展、世界烈性酒展、红星二锅头专业售卖店。在后坊,博物馆采用了场景还原的方式,通过一座座铜像、水井、窖池等,向参观者展示传统制曲、装甑、蒸馏、贮藏等传统二锅头工艺。展馆还结合幻影成像、互动触摸屏等丰富多彩的展示技术,生动、完整地呈现了北京二锅头酒的传统酿造过程和真实场景。最有意思的是,参观者可以通过手持听筒,聆听红星建厂元老王秋芳口述的建厂故事,以及白酒泰斗、红星老厂长高景炎口述的扶持郊县酒厂生产二锅头的往事。

通过参观博物馆,人们可以体会到匠人们精益求精的工作态度、对酒的品质的执着追求。博物馆展现了一种精益比精明更重要、质量比销量更重要、口碑比广告更重要、价值比价格更重要的企业精神。北京红星股份有限公司通过将源升号的原址建成博物馆,把酒这种工业产品融入历史文化中,让人们对红星二锅头有了更深的印象与了解。

红星人吃得了苦,打得了硬仗,能在极其困难的物质条件下完成自己的使命。这种不怕艰苦的精神深深地融入红星的产品品质之中，为红星二锅头打下了坚实的发展基础，也让老百姓熟知了红星二锅头这个品牌，开启了红星与消费者的相伴之路。

北京二锅头酒除了自身特殊的文化内涵外，其酿制技艺更是具有很高的保护价值，被评为国家级非物质文化遗产。为了弘扬二锅头文化精髓，让更多的百姓了解关于北京二锅头的传统文化，红星历时多年建造了两大博物馆，不负众望地担负起传承与创新二锅头文化的责任，这是将企业精神运用于文化产业的体现。

除此之外，长期以来，红星都在试图通过其企业精神、工业精神感染更多为梦想而勇敢前行的人。例如，2016 年元旦，《每个人心中都有一颗红星——王旭篇》广告片正式登陆央视荧屏。该广告片采用了写实手法，在王旭实现梦想的道路上充分展现了红星二锅头作为一种精神力量的象征，体现了红星二锅头对于完成自身“民酒之梦”的坚守和努力。与此同时，此款白酒广告蕴含的人文情怀和励志精神更是成了同行业广告中一大亮点。红星人表示，这充分体现了红星的独特品质。2016 年国庆期间，红星再度推出励志广告片《每个人心中都有一颗红星——张涵予篇》，以人物故事来表达红星的品牌精神，向新时代每个不甘平凡的人致敬。2018 年是红星深化品牌形象的一年，在这一年，红星推出了《每个人心中都有一颗红星——张丰毅篇》。该广告片说明红星不仅是一瓶二锅头，也代表了人们心中的梦想和激情、对生活的积极态度以及“勇敢地带着梦想向前迈进”的正能量。

红星二锅头希望传达给消费者一种心怀梦想、勇敢前行的精神力量，塑造富有人文情怀与励志精神的品牌精神。如何将红星精神和当下社会现状结合起来，起到传播正能量的作用，是红星企业一直在追寻的方向。

## 三、前门源升号博物馆的现存问题与评价

前门源升号博物馆虽然有效地宣传了北京二锅头文化，但也存在不少问题。

其一，文化资源开发缺乏创意。创意是文化资源转化为文化产品的关键元素，也是文化产品满足人们精神文化需求的基本保证。文化资源开发的关键步骤是通过对其中蕴藏的文化进行发掘、提炼，将其与创意融合加以创新生产，形成具有高创意附加值和高文化附加值的文化产品。如果没有创意的参与，文化资源的开发就成了卖文化资源而不是卖文化产品。所以说，文化资源的创意开发是商业眼光与文化眼光的高度结合。它旨在从文化资源中发掘、提炼出最能切入大众文化心理和精神诉求的，即最具有市场潜力的"卖点"，并设计出一种合适的商业呈现方式，使这一"卖点"实现商品价值的最大化。前门源升号博物馆虽然拥有完整的故事脉络，但是缺少后续的创意延续。保持自身的品牌精神不变，虽然是对历史的尊重，但也可能因为时代的发展而被湮没，对今后的文化产业转移产生一些阻碍。

其二，场馆规模太小，难以给人留下深刻印象。前门源升号博物馆的面积很小，只能起到一个领人入门的作用，并不能将文化拓展成不可磨灭的印象留在人们心中。由于面积小，参观者的体验感也不尽如人意。它不能给参观者提供近距离体验文化产业的机会，只是让人们通过故事去了解，这样的做法难以令参观者感同身受。另外，博物馆目前缺少可以参与、体验的项目，如能在制酒工艺、品酒方面增加一些体验项目，会更加具有吸引力。

其三，缺少文创品类。红星推出了一款限量版"红星闪闪"文创礼

盒。礼盒内的酒瓶瓶身印有以代表红色文化的长征精神、井冈山精神、延安精神、开国大典为主题的插画，表达了红星传承红色基因以及为人民酿好酒的初心使命。但是红星对于此类文创产品的推广有限，参观者在博物馆里也难以见到太多的文创产品。因此，博物馆可以考虑开发一些带有红星标志的酒篓、储粮桶、酒壶等年轻人喜欢的盲盒、冰箱贴、手伴等文创产品，让人们“走进来，带出去”。

## 第五节　清泉悠悠鉴古今：北京自来水博物馆

### 一、北京自来水博物馆概况

北京自来水博物馆建成于 2000 年，地处北京东直门北大街清水苑社区。它的所在地是北京历史上第一座水厂——东直门水厂的位置，距今已经有一百多年的历史。这是我国第一座给水专业的技术博物馆，也是北京第一座由企业自筹资金建成的博物馆，隶属于北京市自来水集团。现在，北京自来水博物馆是北京市青少年科普教育基地、北京市青少年节水宣传教育基地、北京市新时代文明实践基地、国家水情教育基地。

北京自来水博物馆不同于一般的综合性博物馆，它是依托清末光绪三十四年（公元 1908 年）京城第一座水厂——东直门水厂改建而成的（如图 4.5）。东直门水厂占地约 200 亩，建有来水亭、蒸汽机房及配套的烟囱、“品”字形清水池、高 54 米的水塔等。走进博物馆的大门，便有一块足球场大小的草地，其实这并不是一个运动场地。草地的北侧有聚水井、来水亭、一号井、更楼等建筑。其中，来水亭建造于清光绪三十四年,建筑虽呈欧式风格,但是采用中国传统的糯米灌浆的建筑手法建造而成的,距今已有 100 多年的历史,依然保存完好。来水亭当年是用于接收孙河的地表水,并对原水进行加药消毒的场所。来水亭见证了东直门水厂对北京近代早期城市建设和社会生活的影响,是具有重要历史文化价值的工业建筑遗存。

**图 4.5 北京自来水博物馆内景**

博物馆的展览区利用东直门水厂的蒸汽机房改建而成,分为“京水百年—文化传承”“水厂建设”“管网管理”“水质保障”“客户服务”“节能减排”六个部分,通过历史文物、图片、表格等形式回顾了京水百年的发展历程。此外,展馆内还借助声、光、电、沙盘模型等直观地反映了地球上的水资源状况、中国及北京市水资源状况、自来水复杂的生产工艺、地下自来水管网的分布状况以及严格的水质监测等。北京自来水博物馆系统地反映了中国自来水事业的发展历程,同时也展示了百年来首都供水系统所取得的辉煌成就。

## 二、北京自来水博物馆工业资源的转化利用

### (一)工业资源的转化利用手段

当前,自来水工厂的文化产业转化主要是利用历史与文化元素、科技元素和宣传手段这三种方式。

就历史与文化元素而言,“一方水土养一方人”,人与水的关系自古以来就密不可分。人类习惯傍水而居,因为水是人类生存的必需品,它为人类提供了必要的生命、生活能源。东直门自来水厂的建立不仅仅是北京市自来水厂工业化的开始,更是百年京水文化的开端。在博物馆的二层,设计者以泥塑的形式向人们展示了清末年间和新中国成立初期两个不同时代居民取水的场景。清末时,北京成立了自来水股份有限公司。当时的一些股票、营业债票、收条及存根、公司员工工作信息等得以保存,游客可以从真实的历史留存中深入了解北京自来水在历史中的变迁。

就科技元素而言,北京自来水博物馆利用3D立体建模将原自来水厂的全貌直观地展示给游客。虽然原自来水工厂已经被拆除,但是在3D立体建模中,游客可以看到原自来水厂的主要建筑和工厂设备。滤水的过程十分复杂,是自来水厂的核心流程之一。用专业的文字讲解难以使游客对滤水过程有深入全面的理解,设计者便将此过程用动画进行演绎,使其变得清晰直观,使游客理解起来更加方便。管道运输是自来水运输的一种重要方式,水厂的自来水流到各个地方主要依靠管道。北京的自来水地下管道十分发达,按照不同的地理区域由不同的水厂进行水源的供给。博物馆运用科技手段将一个工业化流程和地理分布转化为一种科技文化。文字的描述和地图上的标注清楚

解释了北京的自来水地下管道分布状况、北京自来水厂分布及其具体信息。博物馆用投影和荧光点阵图的形式,尽可能以立体、形象的方式还原了北京自来水管道运输。

在文化产业转型过程中,宣传手段必不可少。比如宣传手册可以对文化产业中精华的、重要的信息进行介绍。北京自来水博物馆的宣传手册内容包括各个展厅概况、展览的重要内容、博物馆的历史发展及其现状等。在科技高速发展的今天,利用公众号进行宣传也不失为一种重要的手段。自来水博物馆在每一期的推送中都会有一个特定的与水相关的主题,为读者普及与水相关的知识,号召每一位读者爱护每一滴水,使节约用水成为一种良好的习惯。自来水博物馆常与中小学合作举办活动,使中小学生了解原来的自来水厂蕴含的工业价值和现在的自来水博物馆蕴含的文化价值。在各项活动中,中小学生化身解说员和探险家对自来水进行探秘,深入了解自来水的工业化过程,感受百年京水文化。

尽管原来的工厂已经不存在了,无法再真实地进行工业化流程操作,但是自来水博物馆仍利用历史文化和科技手段最大限度地保留了其工业价值。

### (二)工业资源转化利用中对工业企业精神的保留继承

北京自来水博物馆很好地继承保留了自来水厂的工业企业精神。

第一,重生精神。自来水是现代城市的重要组成部分。北京自来水业已走过百余年的历史,参与并见证了北京这座城市的发展与变化,在北京城市建设和北京人的生活中扮演了重要的角色。但这个发展并不是一帆风顺的。1949 年新中国成立,百废待兴之际,党和政府把自来水业视为关乎民生的重要大事,将北京自来水业收归国有,更名为北京市自来水公司,公司性质发生了质的变化。北京自来水厂就此重生。1949 年新中国成立之前,北京自来水业的发展可谓是步履维艰,落后和战乱极大地影响着其发展。1908 年,北京自来水厂初步建成。1937 年,“七七事变”之后,日本军队占领北平,成立“公共事业管理局”,管辖自来水厂。日本人为保障自身军队用水及防空所需,开掘了多处水井,并在 1942 年开始建造安定门水厂。直到 1945 年,日本投降之后,国民党政府才成立了北京市自来水管理处,铺设了部分管道。新中国成立以后,北京自来水业获得重生并开始快速发展。1910 年—1949 年,北京市区自来水管道只铺设了 367 公里,1949 年—1980 年,北京市区自来水管道铺设达到了 3400 公里。截止到 2017 年,北京市区已经铺设自来水管道 10,500 公里。北京自来水业的快速发展,满足了数千万在北京生活的居民的日常需求。

第二,奉献精神。自来水作为现代城市的重要组成部分,是所有人都离不开的日常需求。而我们现在能享受方便快捷的自来水,大部分都应归功于为北京自来水业兢兢业业奉献的工作人员。在北京自来水博物馆,有一面墙展示的是建厂初期职工登记卡片,他们的职位或高或低,工资或丰厚或微薄,但都为北京自来水业的发展作出了贡献。有了他们过去的努力奋斗,北京自来水业才能有今天的发展。虽然北京只是一个城市,但是面积广大、地形多样,自来水管道的铺设是个难题。既要保障每一户都能用上自来水,也要保障地面设施的安全性。到了现代社会,自来水业的发展就更为重要。北京有 16,410 平方千米,在这片土地上居住着两千多万人口,如果没有自来水,城市就会陷入瘫痪。为了保障北京两千多万人口的正常用水,每天都有许多工作人员兢兢业业地奉献着。

第三,斗争精神。在自来水出现以前,人们的日常用水都靠水井。

无论是挖井还是挑水，都费时费力。自来水的出现解决了这个问题。但在自来水发展之初，普通百姓依旧只能喝井水，只有达官贵人才能喝上干净的自来水。政府与北京自来水厂的职工为了让北京市民都能用上自来水，付出了艰苦的努力。

正如北京自来水博物馆展示的那样，北京拥有五大水系及众多水库，各个地区的用水调度、水的过滤、水的循环再利用都是要考虑的问题。自来水用的不只是地下水，还有地表水。北京自来水博物馆有专门展示水中杂质的设计，可以让大家清楚地看到水中的杂质之多。其中有许多人体不能吸收或对人体有害的物质，都是要过滤掉的。另外，这里还有大量关于保护水资源的宣传，让人们认识到节约用水的重要性（如表4.1）。可见，人们依旧在为解决水的各种问题而不断努力，既要利用水，也要爱护水。

**表4.1 北京自来水博物馆对北京自来水厂的企业精神文化梳理**

<table>
<tr><th>理念维度</th><th colspan="2">行为维度</th><th>宣传维度</th></tr>
<tr><td>发展目标：首都标准　国际水平</td><td rowspan="4">全体员工<br>行为准则</td><td rowspan="4">爱岗敬业<br>安全规范<br>革新创新</td><td rowspan="2">上善若水 甘泉永滋</td></tr>
<tr><td>企业使命：确保首都供水安全</td></tr>
<tr><td>企业精神：柔善清和</td><td rowspan="3">供水安全 重于泰山</td></tr>
<tr><td>企业作风：润物无声</td></tr>
<tr><td>企业价值观：企业发展　社会受益　职工增收</td><td rowspan="5">管理人员<br>行为准则</td><td rowspan="5">精专业<br>会沟通<br>有效率<br>知进取</td></tr>
<tr><td>资源观：惜水如金</td><td rowspan="3">安全优质供水 服务回报社会</td></tr>
<tr><td>质量观：水质是生命</td></tr>
<tr><td>管理观：强基精管</td></tr>
<tr><td>经营观：公益为先　效益为本</td><td rowspan="3">京水集团与您共创美好生活</td></tr>
<tr><td>服务观：亲情服务</td><td rowspan="4">中高层领导<br>行为准则</td><td rowspan="4">善学 厉行<br>示范 自爱</td></tr>
<tr><td>人才观：人用其才</td></tr>
<tr><td>职业观：精益求精</td><td rowspan="2">一点一滴浇灌生命之花</td></tr>
<tr><td>风险观：有备无患</td></tr>
</table>

## 三、北京自来水博物馆的现存问题与评价

首先,从推广博物馆相关文化的角度来看,目前的问题是宣传不到位。无论是外地游客,还是北京本地人,都对自来水博物馆的信息、渊源、文化等知之甚少。自来水博物馆并没有形成一个相应的品牌规模。其实,自来水博物馆可以借助网络进行宣传造势,以年轻人喜欢的 Vlog、小视频等形式,输出博物馆的相关文化。另外,据自来水博物馆的宣传片所言,自 2016 年开放至今,博物馆联合了 92 家学校,120 余家社区、单位开展活动,这个数量还可以进一步扩大。

其次,自来水博物馆在营销方面也存在一定的劣势。博物馆可以设计主题文化产品、吉祥物等,并由此生产一系列周边产品;可以借鉴故宫文创的模式,最重要的还是加大博物馆在线上、线下的曝光率,突出自来水博物馆的亮点。

最后,从地理位置来看,自来水博物馆的场地十分有限。因为博物馆坐落于自来水工厂旁,无法更加全面地进行相关展示。因此博物馆要尽可能地整合内部资源,在布局上最大化地展示精彩部分,实现场地资源配置的最优化。

# 第五章
# 国内工业文化创意产业的人文内涵及其呈现参鉴

国内诸如东北、山西等老工业基地不仅具有丰富的工业遗产，在工业资源的文化创意产业转化方面也进行了大胆的尝试并形成了一定的规模。这些工业文化创意产业主题突出、个性鲜明，甚至成了城市旅游的新热点和打卡地，其样态和经验值得北京的同类设计学习。

## 第一节　奔跑在新时代：鞍钢集团博物馆

鞍钢集团博物馆是鞍山市工业遗产保护与利用的典范之作。鞍山市作为共和国钢铁工业的“长子”，有着共和国“钢都”的美誉。鞍山的工业遗产是近代中国钢铁类工业遗产的典型代表。无论从历史、科学技术还是艺术审美上看，鞍山的工业遗产价值都比较高。鞍钢集团博物馆充分反映了鞍钢精神、鞍钢之魂，那就是永远在新时代奔跑，有“长子”的情怀和“长子”的格局。

## 一、鞍钢集团博物馆概述

鞍钢集团博物馆成立于 2014 年 12 月 26 日，位于辽宁省鞍山市铁西区环钢路 1 号，紧邻鞍钢正门，是利用之前的一个烧结车间厂房改建而成的(如图 5.1)。它是用于展示新中国钢铁工业的摇篮——鞍钢的辉煌历程的综合性展览馆。

图 5.1　鞍钢博物馆正门

鞍钢集团博物馆建筑面积约 12,600 平方米，其中展陈面积近 9400 平方米，基本陈列展线 2600 米。“新中国钢铁工业从这里开始”是鞍钢集团博物馆的立馆主题。展览馆涵盖“沧桑岁月”“长子鞍钢”“鞍钢宪法”“创新鞍钢”“摇篮鞍钢”“奉献鞍钢”“魅力鞍钢”“绿色鞍钢”“资源鞍钢”“英模鞍钢”“品牌鞍钢”“排头鞍钢”等 12 个主题展区，以及 1919 年建成的一号高炉、炼铁厂二烧车间厂房内的烧结机两个特展区。“全馆共收藏具有珍贵历史价值的照片 3000 多幅,文字12,781字,实物10,000多件。”①

鞍钢集团博物馆最大限度地保留了工业生产的氛围和痕迹,它的背后是正在生产的钢铁厂。可以说,博物馆具有不可替代的“原真性”和“在地性”,令参观者产生敬畏感和崇拜感,从而体现出工业文化的展示价值和“膜拜价值”。② 博物馆通过模型、图片、文字、蜡像、铜像、场景设计等形式,运用现代高科技声光影像展示技术,从历史和发展的全新视角,向人们展示旧中国钢铁的 30 年苦难、新中国钢铁的 70 载奋斗,以及鞍钢的辉煌历程与熠熠生辉的企业文化。细致生动的流程演示让参观者能够尽情享受一次“钢铁是怎样炼成的”工业之旅。鞍钢集团博物馆为国家 4A 级旅游景区、全国中小学生研学实践教育基地、国家二级博物馆,免费对外开放。除了具有博物馆的基本功能外,鞍钢集团博物馆兼具开展文化娱乐活动、大型庆典、商业活动等功能,是一座集文化、创意、产业多种功能为一体的综合性文化基地,也是一座“钢铁主题”的文化创意产业园。

## 二、鞍钢集团博物馆评价

从布展风格来看,鞍钢集团博物馆用现代化、艺术化的手段建构了一座巨大的工厂。博物馆的层高如同可以放进“行吊”的车间,一进馆门,迎面而来的是一座巨大的鞍钢工业发展史卷轴浮雕,工人的形象在卷轴的中心,如同从画面中走出来,气势磅礴,荡气回肠。文字围

① 刘森,孙涛. 让荣光永续生辉——鞍钢集团博物馆巡礼[J]. 企业文明,2017(4):27 - 29.

② 本雅明. 机械复制时代的艺术作品[M]. 王才勇,译. 北京:中国城市出版社,2002:13 - 14.

绕在工人形象的两侧,铺展开鞍钢从古至今与钢铁的渊源。

从布展内容来看,"沧桑岁月""长子鞍钢""鞍钢宪法""创新鞍钢""摇篮鞍钢""奉献鞍钢""魅力鞍钢""绿色鞍钢""资源鞍钢""英模鞍钢""品牌鞍钢""排头鞍钢"12 个主题展区,将鞍钢在不同历史时期为国家作出的贡献生动地进行了还原和展示。其中最让人感到震撼的是,表现鞍钢在新中国成立后向全国各地筹建中的钢铁厂输送人才和技术的场景。博物馆围绕"一号高炉"的原件,在地面上制作了许多脚印。这些脚印从鞍钢出发,走向水钢、攀钢、酒钢、首钢、宝钢……走着走着,衣服走破了,人也走老了,但同时,一座座新的钢铁企业在全国各地矗立起来。这种无私奉献的精神,彰显了钢铁"长子"的意义。

除了展览外,创意产业园内还有三大类文创产品,支撑和反映着鞍钢集团博物馆的文化内涵。

其一,鞍钢主题的文化衍生产品。园区内有文化创意产品商店,主要售卖由鞍钢生产的钢铁材质的生活用品,如用 304 钢——食品级钢制作的纪念餐具、钥匙扣、冰箱贴等;绘制有鞍钢标志厂房、徽章的布袋、手拎包等。这些产品上面刻有鞍钢的品牌标识,在质量、制作细节上反映出鞍钢产品的优良品质(如图 5.2)。

其二,鞍钢主题的餐饮娱乐项目。园区内有老火车餐厅(如图 5.3)专营鞍钢食堂的"名牌食品"。

鞍钢有近百个食堂,在鞍钢 70 多年的发展过程中,这些工厂食堂研制了各自的"名牌食品",如炼钢厂的猪头肉、炼铁厂的大馒头,以及为了预防工人中暑,供给高温作业的工人饮用的盐汽水(如图 5.4),等等。这些"名牌食品"是城市独有的记忆,也是极具特色的地方产品。如今老火车餐厅专营鞍钢食堂名品,成了传播鞍山市饮食文化、

图 5.2　鞍钢博物馆纪念品

图 5.3　老火车餐厅

游客近距离感受工业生活的最佳场所之一。

图 5.4　鞍钢老口味汽水

图 5.5　老火车餐厅用具

其三,“鞍钢记忆”钢铁主题公园。该公园是一座开放式公园,没有围墙和大门,只要观众想参观,一年365天随时都可以进园(如图5.6)。“鞍钢记忆”钢铁主题公园占地面积为55,000平方米,由钢铁大道、五星广场、实物雕塑群、万平大草坪、老火车餐厅、休闲大排档等组成,是目前国内最大、最具内涵的钢铁主题公园。公园内还铺设着10,000平方米的草坪绿化带,可用于举办草坪婚礼和大型商业活动。

图5.6 “鞍钢记忆”钢铁主题公园景观

这座文化创意产业园不仅保留了鞍钢的钢铁记忆,也成为城市一张新的文化名片、一处新的精神地标,为城市平添了新的活力和美感。

工业之美主要包括技术美、功能美、形式美、科学美和劳动美。鞍钢集团博物馆有效地将这些工业之美直观、生动地展示出来。

首先,鞍钢集团博物馆美在对科学技术的揭秘。博物馆中有“钢铁是怎样炼成的”专题展览,以模型、视频讲解等方式为参观者进行简明易懂的科普宣传,让人们惊叹于奇迹般的工业制造。博物馆中还设计了一个特殊的“中控室”，通过十几块屏幕直播鞍钢正在生产的现场，为参观者提供了难得一见的影像画面（如图 5.7）。

图 5.7　鞍钢集团博物馆“中控室”

其次，鞍钢集团博物馆美在对劳动者形象的充分展现。工业美实际上是工人本质力量对象化的确证和显现。鞍钢集团博物馆避免了其他科学类博物馆“见物不见人”的缺陷，凸显了工人阶级在展览中的地位和意义。展览中有许多鞍钢工人的塑像、照片，多处蜡像景观真实还原了艰苦年代鞍钢工人为了祖国的钢铁事业拼搏的场景。如“王崇伦技术革新会”，就展现了鞍钢全国劳动模范王崇伦、孟泰等人走在时间的前面，争分夺秒破解重大技术难题的历史场景（如图 5.8）。在鞍钢作为共和国钢铁“长子”，在新中国成立之初向全国各地正在兴建、筹建的钢铁企业输送人才和技术力量的展区，印在地面上的一双双脚印，写满了鞍钢人无私奉献的情怀和艰苦奋斗的足迹。这些人物、情景生动而具体，让参观者很容易产生一种穿越时空与艰苦年代的鞍钢人风雨同行的审美感受。

图 5.8 “王崇伦技术革新会”蜡像

再次,鞍钢集团博物馆美在对工业器物体量的形式再现。工业器物往往冰冷、巨大、复杂,甚至让人感到压抑。鞍钢集团博物馆对这些巨型工业器物进行了空间上的移动和时间上的改造,创造了全新的形式美感,那就是今与昔的对比、冷与暖的交融、崇高与优美的对话。鞍钢集团博物馆本身就背靠鞍钢主生产区而建,可以说,一墙之隔就是另一个严肃、严格、严谨的宏大区域。鞍钢集团博物馆好似壮观宏伟的鞍钢怀抱中的一颗明珠,以其明媚、灵动、瑰丽为钢铁的冰冷底色带来了一抹璀璨。博物馆的内景设计为鞍钢的厂房,处处都有钢铁工业的元素,让人身临其境。尤其是矗立在博物馆中心位置的高 71 米的“一号高炉”,是展示鞍山东北老工业基地深厚底蕴的一个重要实物,具有非常高的历史与文化价值。“一号高炉”自 1917 年开始修建,1919 年建成投产,至今已有“百岁高龄”,见证了鞍钢百年历史。它曾被迫为“满铁”生产生铁 195.7243 万吨，使中国的钢铁资源遭受空前洗劫，是日军侵华的见证；它功勋卓著，为新中国的建设立下汗马功劳，“新中国的钢铁工业从这里开始，仅这座老高炉就累计为新中国生产生铁 1600 万吨，是名副其实的‘功勋炉’”①。为了让游客铭记日军侵华之耻与新中国建设的不易，一号高炉经过两次搬迁，与炼铁厂二烧车间厂房融为一体，成为鞍钢集团博物馆的主要景观。

博物馆外，则是另一番后现代的艺术景观。这里有花有草，有矿石做成的景观墙，有退役的钢水罐车、钢锭模和铸锭车，有集装箱改造的创意工作室，历史和现代在此交汇，几何、金属等富有张力的元素让人感受到这些工业器物原来也可以这种方式令人赞叹。

2019 年 3 月，浙江卫视的王牌综艺节目《奔跑吧兄弟》在鞍山录制，首站就以鞍钢集团博物馆正门作为外景地。2019 年是中华人民共和国成立 70 周年，也是鞍钢“七九”开工的 70 周年。“奔跑兄弟团”在鞍钢集团博物馆前，通过与鞍钢职工的互动和完成游戏任务，深刻地体会到敢于拼争的“鞍钢精神”，也将几代鞍钢人拼搏奋进的脉动，传播给全国的观众。

约翰·蒙哥马利（John Montgomery）认为，“一个成功的文化产业园区主要体现为活动、形式和意义等三个方面的营造”②。从这些特征来看，鞍钢集团博物馆要素齐全，尤其在文化内涵和建筑形式方面值得其他地区进行工业资源的文化创意产业转化利用借鉴。

---

① 奋斗百年路 启航新征程丨钢铁是这样炼成的[EB/OL].(2018-06-09)[2020-07-08].https://baijiahao.baidu.com/s?id=1698106947082719325&wfr=spider&for=pc

② 向勇.文化产业导论[M].北京:北京大学出版社,2015:352.

## 第二节　体验艰辛与巨力：中国煤炭博物馆

山西是我国的煤矿大省，仅太原市的工业遗产就有260余处，被推荐保护的达39处，工业遗产资源极为丰富。位于山西太原的中国煤炭博物馆是我国最大的以“煤矿”为主题的工业博物馆。该博物馆的突出特征是“体验性”，用煤矿工人从古至今的生产场景给人们带来一场特殊的体验，从而让人们感知煤矿工人改变自然、创造财富的巨大力量以及他们的奉献精神。

### 一、中国煤炭博物馆概述

中国煤炭博物馆位于山西省太原市万柏林区迎泽大街和晋祠路交会处，1989年9月30日建成开馆。博物馆占地约11公顷，建筑面积约90,000平方米，由陈列大厅、中国煤炭科教文交流中心、学术报告厅、办公研究楼和现代科技学院等组成。中国煤炭博物馆是国家级煤炭行业博物馆，是全国煤炭行业历史文物、标本、文献、资料的收藏中心，是煤炭工业的科普教育机构、科学研究机构和宣传教育机构，国家4A级旅游景区、全国工业旅游示范点。2017年12月，中国煤炭博物馆入选教育部第一批全国中小学生研学实践教育基地名单。

### 二、中国煤炭博物馆评价

作为煤炭工业类的专项博物馆，中国煤炭博物馆对煤的生成、煤炭与人类、煤炭开发技术、当代中国煤炭工业、煤炭艺术、煤炭文献、中外煤炭交流等进行了全方位的展示。它的最大特点就是以场景化的手段,将传统与现代展示的方式深度结合,将抽象、冷硬的器物变为生动、形象的体验设计,为参观者带来了一场起伏跌宕又妙趣横生的工业文化之旅。

近年来,西方有经济学家提出,"体验"是除产品、商品和服务之外的"第四种经济提供物"。美国弗雷斯特研究公司在 2014 年发布的《顾客场景的力量》报告中指出,传统的以活动为主的营销方式在赢得和留住消费者的效果上越来越不理想,企业亟须转变传统的营销方式,采取一种即时的、双向的、以洞察消费者需求为驱动的循环互动模式。"场景"在强调体验的社会活动中,扮演了重要的角色。芝加哥社会学派代表人物克拉克认为,场景"是一个蕴含着特定文化与价值观念取向的都市娱乐设施"①。场景具有带入感,能够让人们获得沉浸式体验。工业文化景观再现了工业生产中人与自然的复杂关系及其所蕴含的复杂意义,是人们感受工业魅力、工业价值的关键性要素。

中国煤炭博物馆的场景设计主要体现在"煤的生成厅"和"模拟矿井"两部分。"煤的生成厅"复原了亿万年前的侏罗纪时代的森林景观。在四维动感影厅,参观者可以在短短几分钟内,穿越亿万年的时空隧道,通过刮风、下雨、晃动、烟雾等立体效果,感受到侏罗纪时代的生存环境,亲身体验风、雷、雨、电、火山爆发、地壳运动等自然现象,在惊险和娱乐中体验煤的生成过程。

"模拟矿井",又被称为"煤海探秘",占地面积达 3200 平方米,参观路线总长 800 米,全票价 60 元/人次,半票价 30 元/人次(2020 年)。

---

① 李康化. 文化市场营销学[M]. 北京:中国人民大学出版社,2018:137.

这里的模拟矿井是亚洲最大的地下模拟矿井,通过大量实物原型真实再现了我国古代、近代、现代煤炭开采的不同技术手段和煤矿工人艰辛的劳动场景(如图5.9)。模拟矿井主要有八大景观,包括古代煤窑、运输大巷、近代煤巷、炮采工作面、地质隧道、机械化掘进工作面、影视播放区、机械化采煤工作面。参观者搭乘电梯下井,佩戴好矿灯帽后,便可以像真正的矿工一样,乘坐矿车,穿梭于巷道,仿佛时空穿越般沿途观看煤炭开采历史,近距离感受不同时代煤矿工人危险的工作环境和艰苦的工作条件。

图5.9　中国煤炭博物馆内古代矿井场景

此外,博物馆还有导游伴随式为参观者讲解地质构造、挖掘工具以及不同时代条件下采矿技术手段的发展革新等专业知识,以便加深参观者在体验基础之上对于煤炭开采的理性认识。无论是关于煤炭知识的补充，还是下到矿井体验煤矿工人的艰辛，中国煤炭博物馆都将自然的巨力和工人的勇敢、奉献、智慧以场景化形式呈现给大家，可谓集科学性、知识性、趣味性于一体（如图 5.10）。

**图 5.10　中国煤炭博物馆内矿井场景**

历史与现实、文化与科技，就在场景的设计中得到了立体的还原。体验过程场景化、主题游乐化，是中国煤炭博物馆有别于其他工业博物馆的特色和亮点。

## 第三节　记得住的乡愁：中国工业博物馆

如果要找一个东北乃至中国工业改革开放后实现转型的浓缩样本，恐怕没有哪儿比沈阳更合适。沈阳实现了老工业城市浴火重生的沧桑巨变，为改革开放40余年画下了浓墨重彩的一笔。地处沈阳的中国工业博物馆不仅是中国工业发展的缩影，也是沈阳人挥之不去的乡情。

### 一、中国工业博物馆概述

中国工业博物馆坐落于辽宁沈阳的铁西区，所以也称为中国沈阳工业博物馆。沈阳有着“东方鲁尔”的美誉，是中国乃至东北亚地区规模最大的工业中心城市。工业对于沈阳而言，不仅是城市的一张文化名片，更是城市的文化认同，是这个城市大众普遍的记忆。

中国工业博物馆是国内首个综合性工业博物馆，是中国工业文化与工业史料研究基地。中国工业博物馆由通史馆、机床馆、铸造馆、机电馆、冶金馆、汽车馆、铁西百年记忆馆等组成。馆中收藏文物年代从商代至今，包括殷商时期铜镜、西周青铜盔、春秋时期盔甲、1900年的中东铁路钢轨、20世纪30年代初的铁西规划地图等。中国工业博物馆总占地面积达80,000平方米、建筑面积为60,000平方米，征集的文物来自上海、北京、内蒙古等20多个省区市及香港特别行政区，包括国家一级文物1件，国家二、三级文物10件，总计1300多件实体文物。

## 二、中国工业博物馆评价

中国工业博物馆不仅是对中国工业文明发展的总体回顾，具有重要的史料价值，同时它还因原真性、在地性等特质，具有非常重要的文化价值、美学价值、展示价值与体验价值。

首先，中国工业博物馆实现了对工业文脉的保护。它是由沈阳铁西铸造厂改造、扩建而成的，以旧修旧、以旧修故、以存其真，保留了原厂的混砂、落砂、排砂、抛丸等系统，保留了冲天炉、10 吨天吊及运输轨道、举架高达 30 米的厂房等。馆内存放着钢水包、铸件、设备等实物，展示了七大铸造工艺流程，并用大量的图片、文字和音像，营造出工人生产的场景，使一个不再生产的老厂房再次焕发了生机和活力，成为一座集中展现东北老工业区工业文脉的博物馆。

其次，中国工业博物馆具有崇高的美学价值。崇高美是人的本质力量与客体之间存在尖锐对立与严峻冲突时，呈现出来的冲突的美。崇高是以人力反抗自然，是人们在挑战拼搏抗争中获得的精神愉悦，是实践主体的巨大精神力量的表征。高大的厂房、冷硬的机器、艰苦的工作场景、复杂的工业流程，这些景致会由于巨大、陌生、烦琐让人感到压抑、沉闷、单调，甚至恐惧，同时，也让人对产业工人的坚韧、智慧、力量产生深深的敬意，感叹于人的本质力量在改造自然过程中的伟大作用。在表现工业技术起步阶段的展区中，有一处关于“蚂蚁啃骨头”精神的介绍，讲述的是 20 世纪 60 年代初，工人们在低技术起点，克服重重困难，用小型机床加工重达几吨到上百吨的大型零部件，制造出国家建设急需的一大批大型设备的故事。这些场景和故事展现出工人们坚韧不拔、不惧困难的伟大精神和劳动的崇高（如图

5.11)。此外,在现代工业的展区部分,那些高科技制造的机器、车床也都以庞大的体型、先进的人工智能,给人以心灵的震撼,使参观者从中看到人类无比巨大的创造力。

图 5.11 中国工业博物馆内工业文化景观

最后,中国工业博物馆具有浓浓的怀旧意味,增添了城市记忆。怀旧之美,是人们在追念往昔之中产生的一种审美感受。在人类发展的历史脉络中,悠悠怀古之情一刻也未曾泯灭。对过去的怀恋、对现时的把握、对未来的憧憬一脉相承、不可分割。怀旧之美以穿越时空的不朽魅力,给人们带来独特的愉悦感受。尤其在当下生活节奏加快、信息爆炸的文化情境中,人们更加渴望返璞归真,渴望那种没有太多物质欲望的简单幸福的生活。在中国工业博物馆的南侧,有一座特别的“铁西馆”。铁西区是沈阳市五城区之一,也是中国著名的工业区。区内企业规模宏大,工业门类齐全,配套功能强大。“铁西馆”里讲述的是沈阳市铁西区从 1905 年至今的发展历程,文物全部来自铁西区两百多家轻重工业以及医药业的工厂公司。“铁西馆”展现了这座城市砥砺奋进、自强不息的奋斗历史，折射的是中国民族工业从无到有、从弱到强的发展轨迹，是城市的记忆，更是中国的记忆。

当昨天和今天进行勾连，充满怀旧风、工业风的文化产品也就应运而生了。其中，博物馆内的“工人食堂”和“匠人小卖部”最具特色（如图5.12、图5.13）。这两处功能性景观是专门为游客设计的“打卡”之地。“工人食堂”采用水泥、原木、铁艺等元素进行布置，还原了工厂食堂粗犷、质朴的年代感，让游客能够亲身体验产业工人的生活一隅，尝到十几年甚至几十年前的口味。对于中老年人而言，这是一种怀旧；对于年轻人而言，这又是一种新奇的“陌生化”体验。“匠人小卖部”售卖的都是20世纪80年代的生活用品以及具有工业元素的文创产品，如齿轮形状的项链、胸针等（如图5.14），让游客在参观完博物馆后可以带着记忆回家。

图5.12　中国工业博物馆“工人食堂”

图 5.13　中国工业博物馆“匠人小卖部”

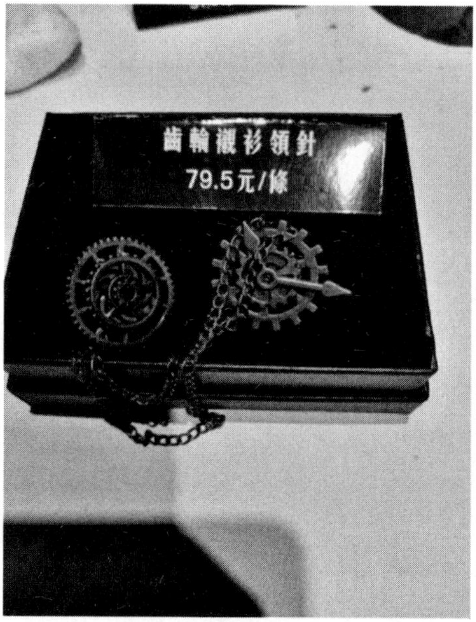


图 5.14　中国工业博物馆纪念品

工业遗产是城市发展进程中不可磨灭的部分，承载着一个城市的“乡愁”。对于沈阳这座中国的老工业城市而言，中国工业博物馆不仅是城市记忆的重要组成部分，而且是对特定年代集体记忆的唤醒。

中国工业博物馆通过大型工业厂房遗址、富含时代精神的机器设备和标志性工业事件，呈现出中国工业的进步与文明，彰显了工业文化的传承与弘扬，让人们感受到工人阶级自力更生、无私奉献、敢于创新的崇高精神，感受到生活在这片热土上的人们一直并将继续用顽强的精神生息劳作，践行和追求中华民族伟大复兴的“中国梦”。

# 第六章 工业美学对工业文化创意产品创造的启示

文化创意是一种特殊的审美创造活动，文化产品除了具有经济价值、文化价值之外，还应具有审美价值。工业美学是贯穿工业发展的整个历程（包含工业遗产时期）、适应人的物质需求和精神需求的复合美学。工业美学包含的有关人、技术、劳动之美的含义，工业美学包含的严谨、精致、体量、崇高等审美内涵都是工业人文内涵的重要组成部分，应当对工业文化产业，工业文化产品的创意、创制发挥指导性作用。

## 第一节　工业美学的发展流脉及内涵

### 一、工业美学的基本概念

工业美学是研究人类造物活动、机械生产和产品文化中有关美学问题的应用美学学科，也被称作“技术美学”“商品美学”“生产美学”“劳动美学”等。工业美学的种种理念往往通过工业设计来实现，因而有相当数量的学者更愿意用“技术美学”来指代“工业美学”。

在一般的美学体系中，审美领域可分为自然美、社会美、艺术美、科学美、技术美等。技术美，是美学理论在物质文化领域中的具体体现，是指在大工业的时代条件下，在产品生产中，把实用的要求和审美的要求统一起来。实际上，技术美产生于工业生产环境、工业生产流程和工业产品之中，主要包括产品的形式美、功能美以及产品各要素之间、产品与人之间、生产管理各要素之间的协同美。

## 二、工业美学发展的基本流脉

### （一）工业美学的国外发展

“自 19 世纪中叶欧洲工业革命完成后，机械生产普遍取代手工生产，推动了社会生产力的迅速发展。然而，当时机器生产出来的批量产品大多显得简陋粗糙，缺乏美感，技术与艺术是脱节和对立的关系。到了 19 世纪下半叶，尤其是进入 20 世纪，机械生产已经能够生产出功能齐全、性能优异、造型美观的新产品。这些产品不仅提高了人们物质生活的质量，也引发了人们审美观念的巨大变化，进而产生了新的实践美学——技术美学。”①

20 世纪初，随着西方工业的发展，各国在竞争中，进一步提高了工业产品的技术美学。工业产品的功能主义在西方各国得到了迅速发展，其中影响最大的就是德国的包豪斯。1919 年格罗皮乌斯等人在德国魏玛创立包豪斯学校，它的成立标志着现代设计教育的诞生。包豪

① 刘丽华，何军，韩福文，等. 技术美学视野下工业遗产的审美价值及其旅游利用——以老工业城市沈阳为例[M]//刘伯英. 中国工业遗产调查、研究与保护. 北京：清华大学出版社，2019：541.

斯以“艺术与技术的统一”为指导思想，要求设计师“向死的机械产品注入灵魂”，以崭新的教育方式强调自由创造的审美设计方式，对西方的工业设计产生了深远的影响。

1944 年英国创立了世界上最早的技术美学学会组织。1951 年美国成立了技术美学团体。20 世纪 50 年代，捷克斯洛伐克设计师和艺术家佩特尔·图奇内在国际美学界率先提出“技术美学”的概念，并带来了技术美学体系化研究的热潮。1957 年国际技术美学协会在日内瓦成立，促进了技术美学的发展。作为伴随着现代科学技术的发展而发展的美学分支，技术美学最初在大工业生产中得到重视和广泛应用，因而又被称为工业美学或生产美学，在苏联被称为劳动美学。

### （二）工业美学的国内研究

在我国，关于工业美学的研究也主要集中在技术美学的方面。宗白华认为：“这是一门很有前途、大有可为的实用性美学。这门新学科对国家四化建设的实际作用是不能低估的。谁都要劳动，谁都要使用器具，谁都要在劳动和使用生活器具中陶冶自己的情感、审美趣味。技术美学或工业设计艺术在物质文明和精神文明中能发挥积极的作用。”①李泽厚也提出：“技术美学比文艺美学、哲学美学重要。”“技术美是与美的本质直接相关的，它是社会美的核心和基础，它比自然美、艺术美重要得多。技术美在美学中的这种地位，以前注意得太不够了，论证得太少了。”“技术美是技术领域所表现的美的形态，其本质在于人所创造的产品实现了合目的性与合规律性的和谐统一，技术美学

---

① 张帆. 宗白华谈技术美学[J]. 文艺研究，1986(4)：135 - 136.

关系到人民物质生活和精神生活问题。"①

随着我国改革开放和经济建设的发展，人们逐步认识到技术美学对社会生产的促进作用，技术美学也需要在美学的理论大厦中占有一席之地。20 世纪 80 年代以后，技术美学在国内迎来一个大的发展期，取得了不少成果。张博颖、徐恒醇等认为，工业产品具有审美价值，主要包括技术美、功能美、形式美、科学美和劳动美等；樊鸿昌、贾杲认为，技术美作为人的审美意识的一种特殊的心理活动，具有科学性、时代性、功利性以及道德认同性等特点。1997 年，徐恒醇在《哲学动态》上发表《当前技术美学研究的三大误区》一文，对此前技术美学研究做了较为全面的总结，标志着我国技术美学研究第一阶段的完结。第二阶段是从 20 世纪 90 年代末至今，有关专家学者在继续进行理论探讨的同时，更多关注的是技术美学在我国实践中的发展。例如，张玉能认为实践转向对技术美学的影响是非常直接的，因为实践与技术不可分开，科学技术是第一生产力，审美实践和艺术实践不可能与技术审美分割开来。钱静提出伴随着后工业时代的来临，许多传统工业基地衰落，甚至沦为弃置地，技术美学的嬗变对于工业弃置地的景观再生具有深远的影响。梁媛探讨了技术美在当代景观设计中的体现，并总结了其发展的趋向。郭焕宇认为技术美学在工业建筑的发展历程中具有重要的理论价值，并依据技术美学理论分析了当代旧工业建筑改造设计利用的特征，为相关项目设计和改造提供了参考建议。这些成果初步阐释了技术美学与现代工业建筑改造、工业景观建设等的关系，是在实践领域对技术美学进行的有益探讨。

---

① 刘丽华，何军，韩福文，等. 技术美学视野下工业遗产的审美价值及其旅游利用——以老工业城市沈阳为例[M]. 刘伯英. 中国工业遗产调查、研究与保护. 北京：清华大学出版社，2019：543.

除了上述观点之外，还有一种代表性观点也值得注意。郑应杰、缪徽浴1986年撰写《工业美学研究三题》一文认为，“工业美学和技术美学还不是完全重合的概念”。文章将“工业美学”单独而明确地提出来，指出“我们这里提出的工业美学与苏联美学界提出的技术美学或生产美学是否等同？我们说，它们之间有相同之处，即研究工业生产中的艺术设计、研究技术领域的艺术因素。就是说，工业美学也在于把美学原理应用于生产和生活之中，使工业产品更具有审美因素，符合审美规律。但是，工业美学和技术美学或生产美学也有不同之处。工业美学有自己独自研究的方面”。比如：“第一，工业美学只面向工业生产而不面向一切物质生产领域，在这一点上它与生产美学所包含的方面不尽相同。第二，工业美学不只是面向工业生产，同时也研究工业产品的销售，研究市场问题。工业美学面对的是工业生产的整个过程。第三，工业美学涉及企业管理问题，担负着培养干部和工人审美观念的任务……从技术美学与工业美学的比较中，我们可以清楚地看到，工业美学有其独自的研究内容。工业美学是在自然科学和社会科学日趋结合、整化的情况下，顺应我国社会主义市场经济改革与对外开放的需要而出现的一种新的美学分支学科，是美学和科学、技术、艺术、管理融为一体的，贯穿工业生产、整个销售系统的自然科学与社会科学交叉的边缘学科，属于应用科学范畴，是一门应用美学。”①

### （三）工业美学的当今研究

随着工业的发展、工业的现代化转型以及工业遗产的出现，工业

---

① 郑应杰，缪徽浴．工业美学研究三题［J］．辽宁师范大学学报（社科版），1986（1）：47－52.

遗产的艺术美、工业领域的生态美,甚至是包含着废墟意义的后工业美学,也渐渐进入工业美学的研究视域。

2003 年,国际工业遗产保护联合会(TICCH)公布的《关于工业遗产的下塔吉尔宪章》,对工业遗产的审美价值进行了阐述。2006 年,中国公布的《无锡建议——注重经济高速发展时期的工业遗产保护》,对工业遗产的美学价值做了进一步阐述。但是,上述两份文件对工业遗产的审美探讨主要聚焦于建筑设计和规划方面。

刘丽华、何军、韩福文、韩笑在《技术美学视野下工业遗产的审美价值及其旅游利用——以老工业城市沈阳为例》中,具体论述了"工业遗产美",指出"工业遗产美是工业时代产业工人本质力量对象化的确证和显现。在工业时代,每次技术革命都促使生产技术发生根本性变革,并推动社会生产力发生质的飞跃。一般来说,在工业生产过程中,技术既要完成从主观目的性向客观现实性的转化,也要按照美的规律来改变外在世界,以实现物质与精神、功能与审美的有机统一。因此,工业技术活动及其生产成果既蕴含着善的目的,又蕴含着真的内容,它们是以感性的形式呈现出的一种功效之美、智慧之美、真理之美。"①

作为工业技术活动及其生产成果的幸存者,工业遗产所蕴含的技术美具有自己的特点。对此,米盖尔·杜夫海纳指出,技术对象"只有丧失生机、失去用途、脱离自己的环境,才能变成审美对象"。事实上,工业技术活动及其生产成果本身就具有创造美的艺术活动的某些特点,并从物质和精神等多个方面满足了人的需要。只不过在相当长的一段时期,人们并没有足够关注和重视工业技术活动的审美意义。随

---

① 刘丽华,何军,韩福文,等.技术美学视野下工业遗产的审美价值及其旅游利用——以老工业城市沈阳为例[M]//刘伯英.中国工业遗产调查、研究与保护.北京:清华大学出版社,2019:543.

着工业社会向后工业社会发展,工业遗产作为一种记忆载体和历史载体的意义反而凸显出来,被快时代中渴求慢生活的人们所珍爱。静穆的厂房、尘封的机器虽然已经丧失了原初的环境和用途,却获得了新的使用价值,成为一种新的审美客体,比如,作为一种特殊的文化记忆符号和可供人们怀旧的观赏对象,获得了新的感性意义。总体而言,工业遗产的审美价值和其他传统艺术的审美价值一样,都是对人的本质力量对象化的确证,都是人类审美创造活动的体现。正如当代美国积极倡导美学应走科学之路的著名美学家托马斯·门罗(Thomas Munro)所指出的,走向科学的美学不认为一部汽车的美“低于一幅画或一首诗”。

工业遗产除了具有“怀旧的意义”外,还因富含科技活动及生产成果之美,给人以体量感、厚重感、张力感、金属感、机器感、几何感等多维度的审美感受。

### (四)废墟美学及生态美学的相关延伸

在后工业时代,某些工业遗产与废墟美学和生态美学发生了关联。

比如,废弃的厂区、残损的生产线、蒙尘的机器、老旧的用具,这些遗迹随着时间的推移,变成了人们怀念往昔生产生活的媒介。它们既制造了与当今时代的距离,又将过往的光阴凝固在旧物之中。工业废墟也曾是城市文明建设的一部分,是城市工业历史发展的最真实的重要物证与最生动的历史记忆的表达。站在废墟面前,一方面,会让人充满了对往昔工业生活的追忆与想象,感受到当时工厂的繁荣和辉煌,从而引发对劳动者本质力量的敬佩;另一方面,也会让人产生深刻的感时伤逝等丰富的情感。如同文化学者余秋雨在《文化苦旅》中所说的那样："我诅咒废墟，又寄情废墟。"废墟无论是具有雄伟的外观，还是已经变得非常渺小，总是能够唤起人们复杂的情感，如民族的自豪感、崇高感，或者是伤感、忧郁等情绪。

随着后工业社会的日益崛起，生态破坏和环境污染问题也越发引起人们的重视。通过生态改造和审美改造，对工业垃圾和污染物进行处理转化成了与工业美学发生关联的话题。生态学家提出了生态节制和适度发展的思想，认为人类应该节制对自然环境过度干预的行为，人类的活动应该有一定的限度，不能超过一个生态系统的抗干扰能力。深层生态学指出，生态系统中不仅是人类，其他存在物都有内在的价值，都有生存的权利，即保持自我的权利。

20 世纪 90 年代，设计师们的设计思想和设计手法更加成熟，他们运用科学与艺术相结合的手段，在保留和秉承工业景观元素的基础上，将衰败的工业废弃场地予以更新和加工，使之成为具有多重含义和功能（如工业文化体验、休闲、娱乐、体育运动、科教、城市综合体等）的景观，意在促进工业废弃地的环境更新、生态恢复、文化重建和经济发展。这类景观通常被称作后工业景观（post - industrial landscape），其中比较有影响的有：德国国际建筑展埃姆舍公园的一系列项目、德国萨尔布吕肯市港口岛公园、德国海尔布隆市砖瓦厂公园、德国莱西泽地区露天矿区生态恢复、美国波士顿海岸水泥总厂及其周边环境改造、美国丹佛市污水厂公园、美国文顿达尔煤矿废水处理公园、韩国金鱼渡公园等。

以美国文顿达尔煤矿废水处理公园为例，它将生态与艺术相结合，在工业废地的景观再利用方面发挥了重要的示范作用。文顿达尔镇位于美国的宾夕法尼亚州，曾以煤矿开采业而著名。20 世纪 80 年代，随着煤矿资源的枯竭，矿山停产。但是，尾矿中的煤炭含有的多种金属元素污染了地下水，使土壤的 pH 值遭到严重破坏，以致整个地区的生态都遭受了重创。1994 年，为了重振这处工业旧地，地方政府邀请环境保护专家、景观设计师和艺术家对这一煤炭开采遗址进行再利用的设计，最终形成了一处占地 14 公顷的综合生态公园。在处理废水方面，公园创造性地“将物理过滤与生物生态治理方式有机结合，形成了独特的生态修复方法。公园的景观设计更把这一方法作为亮点进行展示，形成了可视化的风景”①。比如，在废水池的周边种植颜色与废水净化流变颜色相对应的植物，“叶片颜色与其所在池塘中废水的净化进度相一致：从深红、橘黄、浅黄色过渡到深绿、浅绿色。从景观立面上看，这些植物就如同一条鲜活的 pH 值试纸带，见证了酸性废水从严重污染到完成治理的全过程，形成了生动的植物景观”②。废水经过治理变为“好水”的全过程既有科学的解说牌，又有直观的显现，生态修复成为连接历史与未来的全新景观。

生态美学和废墟审美是对传统美学的发展和延伸。传统的美学观点认为，废弃地上的工业景观是丑陋可怕的，没有什么保留价值，于是在进行景观设计时，要么将那些工业景象消除殆尽，要么将那些“丑陋”的东西掩藏起来。而今天，艺术的概念已发生了相当大的变化，经典的优美不再是评判艺术价值的唯一标准。

首先，生锈的高炉、废旧的工业厂房、尘封的机械设备不再被视为丑陋的、破败的、消极的，相反，这些工业遗迹作为一种工业活动的结果，饱含着时间的积淀和新旧传承的技术之美。工程技术建造所使用的材料、所造就的场地肌理、所塑造的结构形式也因力量化、巨大化而

---

① 杨震宇，李笑寒. 生态与艺术在矿业景观更新中的作用——美国 AMD&ART 公园设计［M］//刘伯英. 中国工业遗产调查、研究与保护. 北京：清华大学出版社，2019：552

② 杨震宇. 工业遗址改造中的景观设计研究［D］. 北京：北京林业大学，2015.

拥有了美学意义上的崇高感，给人带来独特的审美感受。

其次，这些景观通过保留、利用和加工，传承了工业文化传统，增加了现代景观内容，诠释了新的景观设计美学。它们将不同形式、不同时期、不同内容的景观要素并置在一起，通过“陌生化”给人们带来了审美的惊奇。

后工业景观作品在形式、构图、场景上受到各种艺术思潮的影响。从立体主义、超现实主义、风格派、构成主义到极简艺术、波普艺术、达达艺术、大地艺术，每一种艺术思潮和艺术形式都为景观设计师提供了可借鉴的艺术思想和形式语言。在众多的艺术潮流中，对后工业景观设计影响较为深远的是大地艺术。大地艺术是源自美国20世纪60年代末至70年代初的一种艺术，艺术家们根据自然景观及天然素材进行创作，是一种艺术与大自然的结合，并非将自然景观进行重新翻改，而是以原有的面貌进行装饰，使人们重新注意、接近、讨论大自然，重新审视人与自然、社会的关系。大地艺术家们起初创作时，偏爱远离世俗的环境，如荒无人烟的旷野、沙漠和湖泊等，以期达到人类和自然的灵魂沟通。后来艺术家们发现，那些因被人类生产生活破坏而遭遗弃的土地具有独特的魅力，与大地艺术的主题更加贴切。比如，美国大地艺术家罗伯特·史密森(Robert Smithson)在20世纪70年代初就提出，创作大地艺术最好的场所是那些被工业和盲目的城市化所破坏的，或是被自然自身毁坏的场所，艺术可以成为调和生态学家和工业学家的一种资源。1971年，罗伯特·史密森在荷兰埃曼的一个废弃的采石场，实现了一个“大地改造计划”。这是一个深入水中的半圆形堤坝和一个螺旋形的小山丘，作品题为《缺损的圆——螺旋山丘》。尽管作品是暂时性的，但是很受当地居民的喜欢，于是这块地方又被改造成公园。这是罗伯特·史密森在长期的考察后，以工业废弃地为场地创作的第一个大地艺术作品，这件作品对后工业景观具有重大的影响力。

可以说，工业废弃地所显现出来的文明离去后的荒凉孤寂、无助脆弱的气氛更能唤起人们强烈深沉的感受以及对于人与自然关系的反思。因此各种废弃地成了大地艺术家们自由创作的舞台，大地艺术也成为废弃地更新、恢复、再利用的有效手段之一。

综合以上几个方面，我们认为，工业美学是以技术美为核心，以劳动美为重要呈现，包含严谨、精确、体量巨大等审美特征，贯穿工业发展的整个历程（包含工业遗产时期），适应人的物质需求和精神需求的复合美学。随着人类工业技术水平的不断提高，以及工业生产、生活环境的变化，工业美学也具有蓬勃的增长力。

## 第二节　工业美学在影视作品中的体现

工业题材的影视作品是工业资源文化产品转化的重要形式，在工业题材的影视作品中，又以工业题材纪录片最具有代表性。作为纪录片的一种，工业题材纪录片既有纪录片本身的特点，即真实性，也有自身独特的地方。《幕维影视》是这样解释工业题材纪录片的："针对大型工程建设需求而设立的专题系列纪录片，在工程建设一定时期内通过长时间的跟踪拍摄，以独特的视角，全方位记录工程建造的过程。"有学者认为："工业题材纪录片是记录工业发展流脉，展现工业文明，讴歌工人劳动精神的重要电子产品。"还有学者认为："工业题材纪录片将建设工程的记录与人类命运相结合，以艺术化的记录语言，为时代贡献了宝贵的'世纪工程'影像资料。"

总之，工业题材纪录片以宝贵的真实性、直观性，记录着工业发展流脉，展现着工业文明，讴歌着工人的劳动精神，记录着时代的变迁，展示着国家实力。在工业题材纪录片的创制中，工业美学发挥着重要的作用。

## 一、从《超级工程》看工业题材纪录片严谨的叙事艺术

《超级工程》于 2012 年首映，2016 年推出第二季，2017 年推出第三季，总导演为李炳。此系列纪录片选择了当下中国最具象征性的重大工程新项目，客观地记录了它们的建设过程。第一季每一集讲述一个工程，分别为《北京地铁网络》《上海中心大厦》《港珠澳大桥》《海上巨型风机》《超级 LNG 船》；第二季改为每一集关注一类工程；第三季从民生角度出发，讲述农业、能源、交通、中国制造背后的超级工程。总导演李炳指出：工程入选拍摄的标准是体量大，技术水准顶尖；关系民生，关注未来；处于进行时态。

作为现象级的工业题材纪录片，《超级工程》具有独特的叙事特征：以层层递进、逻辑推理、悬念引领等方式进行叙述。

### （一）层层递进结构

《超级工程》采用层层递进的结构叙事。如在《港珠澳大桥》一集中，讲“时间不等人，因为在菲律宾以南，正在形成一股气旋，它很有可能形成一个新的台风”体现了时间非常紧急。而后面又说“这是一个极有挑战的工作。550 吨重、45 米高的巨型圆钢筒将被放置在规定坐标内的海床上，而它允许的误差只有两厘米”，说明任务不仅时间非常紧迫，而且对精度的要求非常高。这给观众造成一种紧迫感，让观众

非常担心这个任务能否完成。紧接着，影片又提到“与此同时，在菲律宾海域，今年最强大的一次台风‘纳沙’已经形成，并快速向南海袭来。工程指挥部马上开始紧急部署，因为它极有可能经过这个施工区域”。“陈师傅在操作着世界上最大的震锤与海床对峙，而绝不允许有任何闪失。原本30分钟能够完成的工作，现在已经僵持了近两个小时。”这让观众更加担心了：施工人员能否在台风来之前将圆钢筒吊装完成。直到最后，影片才告诉观众，东人工岛的第一次施工终于在台风来临之前完成了。这才让观众紧张的情绪有所缓解，情不自禁地对施工人员产生敬佩之情。

又如，《食物供应》一集讲述了中国以很少的耕地面积养活了世界众多人口。其中提到人们要在暴雨来临之前，也就是两天后必须将粮食收割完成。观众自然会被影片紧张的气氛所感染，这又是一个时间紧、任务重的工作。在接下来的发展中，观众可以看到人们都在夜以继日地工作，并且从其他地方调运过来很多机器帮助收割。在结局中，人们顺利地完成了收割粮食的工作，使得观众紧张的情绪得到缓解，不禁为作业能顺利完成而感到欢欣鼓舞。这说明，这种层层递进的结构能够让观众对这整个事件有更加深刻的感受，让观众更好地沉浸其中。

### （二）逻辑推理结构

“逻辑推理结构，是在科学纪录片中专门用来解决影片开头提出的谜团的。影片首先通过推理和想象提出解释谜团的假设，然后进行演绎推理，最后通过调查和观察来验证演绎推理的结果。”[①]逻辑推理

① 万彬彬. 中外科学纪录片叙事结构探析[J]. 现代视听，2012(6)：25－29.

是科学思维方式的一种巧妙运用,也是一种解释悬念的方法,这能使原本无聊而又难以理解的科学原理以生动的形式展现在观众面前。《港珠澳大桥》一集就对许多科学原理采用了现场实验方法。例如,谢工程师要寻找一种科技材料以保护大桥免遭地震的侵袭。随后影片演示了一个普通橡胶,当它自由落体之后,橡胶弹跳了多次;然后工程师又拿出另一种橡胶——高阻尼橡胶。影片演示了它的特点:落地之后不弹跳。对普通橡胶而言,它的地震灾害动能没有损耗,它在自由落体之后可以再弹起来;而高阻尼橡胶落下去之后,它的地震灾害动能会根据分子结构中间的这种力逐渐消退。这类生动的演示方式给观众带来了更为形象化的感受。

### (三)悬念引领结构

"悬念引领结构,是指由单个或多个悬念来引导结构整部影片。"①悬念"就是兴趣不断地向前延伸和欲知后事如何的迫切要求"②。也就是说,悬念引领结构希望通过设定悬念来激发观众对影片的好奇心及观看兴趣。悬念引领结构涉及两个层面的内容:悬念的设定和悬念的解释。这两个层面不可偏废。首先,悬念设定的基准点是信息差别。信息鸿沟理论认为,在特殊行业,信息鸿沟将引起求知欲,这体现了人们对填补信息鸿沟的期盼。这就为工业题材纪录片《超级工程》的悬念制造提供了理论支撑。其次,注重悬念设定的连接点。假如悬念一直处于观众完全不了解的领域,观众也会气馁。如果观众在理解时找不到与旧信息相关的知识点,就很难激发他们的好奇心并引起持续的关注。因此,在悬念设置的过程中,不仅要注意信息

---

① 蔡旻俊. 纪录片《超级工程》的结构分析[J]. 新闻世界,2013(8):269 - 270.

② 蔡旻俊. 纪录片《超级工程》的结构分析[J]. 新闻世界,2013(8):269 - 270.

鸿沟,还要注意信息连接点,即问题与观众的现实生活之间的相关性以及观众对问题的基本认识。

第一季《超级工程》分五集介绍了中国五个著名建筑,其中悬念的设置几乎已经成为影片的一贯概念。在第一集《珠港澳大桥》中,影片的开篇以多个悬念和绮丽的视觉盛宴吸引观众,引发了观众的诸多疑问:深水隧道如何完工?工程师如何避免这么多的船只和飞机来往,并确保项目的顺利完成?为什么它是世界上最长的跨海大桥?修桥时如何预防自然灾害,维护生态平衡?为什么这是几代人的梦想?根据信息鸿沟理论,这类问题将专业的建筑领域知识置于观众现有的知识水平之上,从而引起观众对影片的关注。一方面,影片设置的悬念激发了观众的好奇心和求知欲;另一方面,这些悬念也为剧情的发展奠定了基础。

几乎每一集《超级工程》都以悬念形式开始,在接下来的叙事中,影片不断提出新的悬念来促进情节的发展。悬疑引领结构在这部纪录片中起到了很好的沟通效果,吸引观众不断寻找答案,并以此结构了整部影视作品。

## 二、从《超级装备》看工业题材纪录片精致的解说艺术

"解说"一词在《现代汉语词典》中为"解释说明"之意。在纪录片创作中,解说以旁白的形式对纪录片进行讲解和说明,承担着"补充画面""衔接画面""揭示细节""渲染情绪"等功能。好的解说词不仅具有叙事的逻辑,同时具有语言的美感,是纪录片创作中的重要元素。在工业题材纪录片中,解说词尤为重要。因为工业题材纪录片相对于其他题材,往往具有专业性强、技术性强、难以表现等特质。如果这类

纪录片使用过多说明性的事件介绍方式或者时间性的表达逻辑，就容易变成宏大、冷硬、“见物不见人”的科普式资料片，让人们觉得距离自己的生活较远，无法吸引、感染观众。这也是工业题材纪录片容易“被媒体忽视”的重要原因之一。

聚焦中国顶级装备的工业题材纪录片《超级装备》，在解说词的创作上就充分考虑了此类纪录片的特殊性，解说词成为画面有效的审美补充。纪录片《超级装备》以“总—分—总”的叙述方式，向观众介绍了中国制造的11件超级装备。这些“独立装备”“核心装备”“智能装备”就像东方巨龙有力的四肢、强健的心脏与精细的大脑。纪录片在向观众进行科普的同时，展现了中国强大的制造实力，让人自然而然地产生一种民族自豪感。该片的解说词具有如下审美特征：

### （一）机器设备介绍的角色化、拟人化

《超级装备》的解说词让冷硬的机器、庞大的工业产品以及复杂的生产制造工艺具有了生命感。它们有名字、有性格、有行动、有魅力。比如，第一集《独立装备》介绍了3种中国超级装备，分别是“75立方米矿用挖掘机”“大直径泥水平衡盾构机”“三峡升船机”。解说词对它们的描述是“一个雄踞矿山，开疆破土；一个称霸地下，破土碎石；一个司掌大江，提携巨轮……虽然面貌迥异，各具本领，但它们有一个名字——中国装备”。在讲述“75立方米矿用挖掘机”的制造时，解说又将制造机器的机器、手段进行了拟人化描写，如“数控切割机如一位优秀的裁缝”“1000多度的丙烷气体严谨冷峻地切割着价值不菲的钢板”“铲斗的焊接比起冷峻的切割机显得更热情飞扬……”在讲述盾构机时，解说对其外在形象进行了生动的描绘：“刀盘就像盾构机的脸面，有的眉目飘逸、神情舒展，有的表情严肃、不苟言笑……”

这种形象化、角色化的语言在影片中处处皆是。再如，解说将挖掘机研制过程中的精细标准，称为“绣花”工艺；将盾构机刀盘喷洒改良剂的试验，称为“喷雪花”的表演秀；将三峡升船机的运行，称为天水之间的“空中表演”；将智能采煤机的轻量化设计，称为“减肥”和“瘦身”；将智能采煤机、刮板运输机、液压支架，比喻为亲密无间的三兄弟，等等。这些艺术化的解说词使陌生、庞大的机器一下子变得生动起来，不仅使抽象的概念变得具象化，深奥的技术变得浅显化，枯燥的原理变得趣味化，还使观众仿佛看到了一个个庞然大物从孕育到成长再到“终成大器”——为祖国、为全世界效力的恢宏的生命历程。

### （二）故事展开的情境化、场景化

“情境”是一个美学概念，在戏剧艺术中尤其受到人们的重视。狄德罗在谈“情境”时认为，戏剧情境是由“家庭关系、职业关系和友敌关系等形成的特殊环境”①，“人物的性格要根据情境来决定”。黑格尔认为，戏剧情境是人物动作的推动力，它促进了冲突的产生。他甚至还认为，“艺术最重要的一方面就是寻找引人入胜的情境，寻找可以显现心灵方面的深刻而重要的旨趣和真正意蕴的那种情境”②。我国戏剧理论家谭霈生认为，戏剧的生命力正是通过“戏剧情境”来体现的。戏剧情境是剧中人物受到的偶然的、神秘的和不可抗拒的支配力量，它促使人物展开行动。综合这些理论家的观点可以看出，“情境”主要包含：具体的环境，如剧中人物所处的具体的时空环境；特定的情况——事件以及特定的人物关系。

《超级装备》讲述每一个超级装备时，并非单纯地从物开始，而是

① 朱光潜. 西方美学史[M]. 北京：人民文学出版社，2004：263.

② 施旭升. 戏剧艺术原理[M]. 北京：中国传媒大学出版社，2006：63.

从一个又一个具体情境入手,通过具有戏剧张力的情境将观众带入故事。这既是一种语言结构,也是一种逻辑结构。以环境、事件和人物为讲述元素,一下子就拉近了这些庞然大物和普通人生活的距离。例如,在讲述"大直径泥水平衡盾构机"时,影片从北京地铁一号线的建设入手,今昔对比,让人直观地感受到现代化的大型装备为人们的生活带来的便捷。讲述"核电之心——AP1000 低压转子"时,影片是这样引入的:"电力,现代社会赖以发展的基础,地铁、电能源车、网络购物,信息化的现代生活搭载在人们最熟悉的能源上,庞大的用电需求,催生了更高效、更清洁的发电方式——核电",让人充分感受到"西电东送"工程的重要性。

从"长江三峡 5 号邮轮的启航"到"上海崇明岛万吨巨轮即将入水";从"早上 8 点济南第三医院骨科手术室一台特殊的手术"到"陕西西安一场大面积胸壁缺损修补术……"这些正在发生的"生活戏剧"与每个普通人的生活是息息相关的,也只有通过情境的方式进行讲述,才能让大众对陌生的奇迹设备产生关注和好奇。

### (三)技术语言的形象化、通俗化

介绍、讲解技术,是工业题材纪录片无法回避的部分,技术美学也是工业美学重要的构成之一。介绍技术的语言是科学的、严谨的,也是相对抽象的、枯燥的。由于工业题材的纪录片画面大都冷硬、缺乏趣味,因此将技术化语言进行通俗化处理,是工业题材纪录片语言创制的关键,也是其补充"无趣"的画面的重要方式。《超级装备》的解说词就采用了形象化、通俗化的语言方式,将一些技术语言变得趣味化,使大众容易接受、理解并产生视觉联想。比如,在第二集介绍"巨轮之心——特大对接型曲轴"加工时,影片将加工的精度做了一个形象的类比：在曲轴加工过程中，工程师必须通过科学的计算和测量，“把误差控制在0.05—0.02毫米之间，相当于人类头发丝的二分之一粗细”。在介绍“西电东送之心——特高压输变电装备”的核心部件“热线圈”的制造时，影片说由于加工的重要性和精确性，线圈车间为“熊猫车间”。在介绍“核电之心——AP1000低压转子”时，影片说打磨工艺要让转子接受“酷刑”，才能让体态臃肿的锻件被切削得“凹凸有致”。这些语言将枯燥的技术数据比喻成人们熟悉的、可感知的内容，让观众对工业技术精益求精、严谨苛刻的要求有了更加形象的认识。

### （四）工人形象塑造的具体化、细节化

马克思的“劳动产生美”“美是人本质力量的对象化显现”理念启发我们：社会生产实践是美的终极根源。伟大的工程里面包含着人伟大的本质力量。人的本质力量在劳动产品上显示出来，以物化的形式存在，人在他所创造的世界中直观自身。人们在自己创造的对象中，看到了自己的形象和生命。纪录片《超级装备》对典型工人形象的介绍、描绘也是解说词的重要组成部分。这里既有20岁出头的天车女工，又有80多岁的工程院院士。每一个装备的讲述中都有近10位人物，他们有姓名、有专业、有工龄、有情感，更有和装备的设计、生产息息相关的故事。“刘伯鸣，水压机锻造班长，多次完成不可能的挑战，车间里堆积如山的钢锭，是他与钢铁共同苦修的见证。”“孙培桢，主机长（机械加工车间），曾创下68天与机器同吃同睡打技术攻坚战的纪录。”“曾国荣，绕线班长，拥有超过18年的绕线经验。”“王战略，电焊技工，拥有近20年的焊接经验。”……对于工人形象具体的记录，避免了同类题材纪录片常见的见物不见人的顽疾，反映了超级装备背后几

代人充满艰辛而非凡的创业历程，将道与器、人和物高度统一，在器物的更新换代中展现了思想的力量和人性的温度，体现了大国工匠精神。如同解说词说的："缔造它们的人，不仅赋予它们千吨的重量，更在它们身上镌刻下人类智慧的高度。"物以人而显，器以道而彰，该片的人性和物性、思想性和可看性达到了较好的统一。

### （五）语言运用的韵律感和力量感

《超级装备》解说词的语言与画面的技术美感相得益彰，不仅简明利落，而且严谨准确，富有韵律感和力量感。比如，在每一集的结尾处，解说都会使用排比句，让工业制造产生诗意；指向未来的语句，又给人们带来无尽的联想。中国故事正在上演，并将上演得更加精彩（如表6.1）。

**表6.1　《超级装备》三集结尾段落解说词**

| | |
|---|---|
| 《独立装备》 | 在工厂，突破极限的制造活动还在继续；<br>在车间，点亮明天的创新研发正在展开；<br>在不远的未来，中国装备将为人们带来更美好的生活。 |
| 《核心装备》 | 在工厂，火热的制造工作还在昼夜不停地进行；<br>在换流站，机器人瓦力的红外测温工作仍在继续；<br>在车间，又一颗"巨轮之心"被安装进船体；<br>在核电站，清洁能源被高效安全地送至电网；<br>在不远的未来，更多的超级装备将改变中国、改变世界。 |
| 《智能装备》 | 在工厂，更多的智慧车间从蓝图变为现实；<br>在车间，新一轮创新研发正在火热展开；<br>在街头，来自高速冲压线的汽车正迅速提升着人们的幸福指数；<br>在未来，3D 打印将不断拓展人类的想象空间；<br>在中国，智能制造的故事才刚刚开始。 |

## 三、从《终极工厂》看工业题材纪录片"人器相和"的人文视角

工业技术的发展与应用，其核心问题早已脱离了物理、化学等纯

自然科学的范畴，而是涉及与世界、人类生存和发展息息相关的命题。工业发展关乎人类挑战自然、挑战自我梦想的实现。因而，在工业题材的纪录片创作中，找到人的生活、智慧和梦想，从人文视角进行逻辑重构，不仅能为影片带来故事性、可看性，更能增添作品的思想价值和艺术价值。美国国家地理频道的纪录片《终极工厂》系列（*Ultimate Factories*）就是此类纪录片的代表。

《终极工厂》是2006年推出的工业题材纪录片，涉及的工业范围非常广泛，从民用到军用，从日常用品到奢侈品，从制造业到服务业，其中很多都是我们非常熟悉的品牌和企业，如奔驰、福特、可口可乐、卡特彼勒重卡等。纪录片真实记录了世界顶尖工厂的生产制造过程，虽然对工厂面貌的展现和对复杂工业流程的展示在纪录片中占据了大量篇幅，但是对于“人”的抒写和记录仍是纪录片的主题。由“人文”出发，展现在观众面前的就不再是冷冰冰的钢筋铁骨和毫无生趣的庞然大物，让人感受最多的反而是工业生产过程中和工业产品背后的有关生产者、使用者的动人故事。

《终极工厂》的人文叙事主要体现在工业生产者的“个体细绘”、工业产品的“生命创造展现”和工业产品使用者的“全程观照”三个方面。

### （一）工业生产者的“个体细绘”

《终极工厂》展现的是超级工厂的庞大生产制造过程，但是在讲述故事的视角上，却注重将宏大主题纳入微观描述层面。《终极工厂》多以生产者个体作为表现对象，几乎没有对生产者群像的展现，体现了对生产者个体——普通工人的极大尊重。如《瑞士军刀工厂》着重讲述了海因斯冯纽——一位有着30多年消防工作经验的工厂消防员的故事，他不仅作为工厂的一分子守卫着生产安全，更依据自己的工作经验和感悟发明了能够单手轻易操作的“多用途救援刀”和“破窗器”，丰富了瑞士军刀的用途和产品种类，也实现了视自己所在的瑞士军刀工厂为一种“奇迹”和“信仰”的职业信条。

在《终极工厂》的镜头下，工人们都是有名有姓、有生活、有性格的个体。如《法拉利》中手工缝制皮椅的女工，被展现为艺术家；《乐高工厂》中的修模工人，被展现为视工厂为家传事业的世代工艺传承者；《喜力啤酒厂》中因熟知运送捷径受到顾客们喜欢的送酒工，被展现为生产中不可或缺的环节……影片用大量篇幅描绘工人个体工作的细节，他们参与生产的过程与其说是在制造产品，不如说是在一丝不苟地进行艺术品创造。在工业生产复杂而细密的链条上，每个阶段都被如艺术家一样的工人注入了美感和性能。

这些微观的个体化的故事，提升了影片的亲和力，因真实可感而更加令人感到可信和震撼。对工厂厂房、机器的宏观展示和对普通个体的微观捕捉相结合，既构成了视觉上的反差，同时也表达出正是众多个体的智慧、汗水和合作才铸就了终极工厂的精神内涵。

### （二）工业产品的“生命创造展现”

通常来说，人文视角主要集中在对“人”的表现上，而往往容易忽视凝结在“物”中的人文精神。在工业生产活动中，工人们“把聪明才智、自己的本质力量、自己的文化价值品格物化下来，实现了工业产品的人化”①。这一过程是人的精神文化价值向“物”转移的过程。工业产品的文化价值也正是由人的价值过渡而来的。《终极工厂》在展现

① 王新哲，孙星，罗民. 工业文化[M]. 北京：电子工业出版社，2016：29.

这一价值转化过程中采取了独特的赋予工业产品“生命化”的视角，通过拟人的手法，让工业产品在工人的创造中鲜活、生动起来。例如，《法拉利》一集讲述的是“法拉利 599”的诞生，在生产引擎的段落，影片如此描述：“引擎厂的机器人是罗密欧和朱丽叶”，送部件就是“罗密欧给朱丽叶送戒指”，整个过程不是在制造引擎，而是在“制造灵魂”。在对工业产品的“生命化”描绘中，原本枯燥、单调、无趣的机器和生产过程变得有趣、立体起来。“送戒指”的比喻很容易让人们联想到法拉利部件与部件之间“忠贞的爱情”，从而提升人们对机器冰冷的制造过程的美好感觉和印象。在《喜力啤酒厂》中，影片用动画的手段再现了啤酒生产的关键步骤——“发酵”。“酵母细菌繁殖吞噬麦芽汁里的糖分转化为酒精、二氧化碳和风味物质，飨宴完毕，酵母该休息了。”在这里，酵母是具象的形象的活着的生命，是啤酒生产的主角，它不单是工业的原料，更是生产中的主导者和“灵魂人物”，所以它才会非常自然地在工作“劳累”后去“休息”。

采取让产品担任“主角”在舞台上表演的策略，看似将工人放置到讲述背后，但事实上，工厂和工人赋予产品生命的过程本身就是他们对于职业饱含情感的具体体现。

### （三）工业产品使用者的“全程观照”

满足需求是生产的动力和目的。一般的工业题材纪录片对产品的使用者往往是不予展现的，或者寥寥几笔匆匆带过。而《终极工厂》对产品的使用者虽然没有具体展现，但是对使用者的关照却贯穿影片始终。在《终极工厂》中，使用者虽然是“设想的存在”，但他们的形象、性格却并不模糊，甚至被考虑得非常具体。这个“设想的存在”也因此成了纪录片人文叙事中的第三种重要角色，有效构成了超级工厂生产的重要动力。如在《乐高工厂》一集中，乐高团队的设计者们去警局体验观察，捕捉"乐高警察系列"的设计灵感。看到警局里各类功能各异、大小不一的枪支，设计者们想到的是，这些武器虽然很酷，很可能讨孩子们喜欢，可还是不能把它们做成玩具模型，因为要考虑买玩具的妈妈们是否会感到焦虑。《乐高工厂》还不断地提及，现有的积木要达到"非人性的精确"，目的是满足在乐高首推年份 1958 年就购买了产品的玩家拼合新旧积木的需要。在《瑞士军刀工厂》一集中，影片不断在生产车间、研发部门之间进行场景切换，平行蒙太奇的运用着力表现产品的每一处研发和改进都是围绕客户考虑的。

如果说，工人是工业生产的主体，产品是工业生产的核心，那么满足客户的需求则是工业生产的最终目的。人的需求和工厂的生产是息息相关的，正是每个普通人的需求，催生了超级工厂的诞生。《终极工厂》对于使用者的全程关照，体现了工厂存在的意义，也更能够以此代入普通观众的体验性视角，激发观众对于工厂和产品的情感共鸣。

英国美学家科林伍德曾经说过："没有艺术的历史，只有人的历史。""纪录片必须承载人文价值，必须有明确的价值导向。"①工业题材纪录片人文视角的采用，是使人文与科学相结合、情与理深度交融的艺术策略。《终极工厂》以诸多"小人物"撑起大工程、大工厂的梦想，并以此体现出工业发展与人的关联，展示出工业发展过程中形成的契约精神、质量意识、效率观念等人文内涵，为工业题材的故事讲述提供了宝贵的案例。

---

① 党丽霞. 中国工程类科学纪录片的国际化视野[J]. 出版广角，2017(3)：88－90.

## 四、从《石景山——铁色记忆》看工业题材纪录片“体量巨大”的丰富内涵

《石景山——铁色记忆》(以下简称《铁色记忆》)是中央电视台《探索·发现》栏目制作播出的六集纪录片,意在“充分挖掘首钢的历史文化资源,向人们展示北京钢铁工业积累的宝贵精神财富……揭示我国钢铁文明的演进历程”①。该片详细地记录了石景山悠久的历史文化,介绍了首钢从诞生到起步、从发展到辉煌的历程,展现了为了首都的蓝天白云,首钢作出的重大决策——在河北曹妃甸择选新址,重新打造一个新的钢铁王国的伟大壮举。纪录片通过丰富的历史人文内涵讲述、复杂的叙事结构和充满艺术魅力的视听语言,展示了工业题材纪录片的历史纵深感和浓郁崇高的家国情怀。

### (一)丰富的人文内涵

《铁色记忆》共有六集,分别为:《龙烟》《白屋》《铁魂》《红楼》《钢骨》《家园》。每一集都包含石景山和首钢发展的历史故事。纪录片往往先从人文景观入手,讲述石景山悠久的历史,再经由时间推移,讲述首钢发展的过程。首钢的出现给石景山增加了一抹别样的现代化工业色彩,增添了一份铁色的记忆。

石景山又叫石经山,位于首钢工业园内部,早在古代就有“城都第一仙山”之名,流传着许多传奇故事,并有佛道两家的建筑遗址。石景山历史悠久,受到明清皇帝的重视。本片虽然是工业题材纪录片,但

① 肖利平.央视播出大型纪录片《石景山——铁色记忆》[J].中外企业文化,2008(9):71.

是这些人文历史故事不仅增加了人文情怀，而且系统地介绍了石景山的历史及其重要的地位，让人们可以更好地了解石景山，潜移默化地认同石景山的文化。纪录片使得巨大的钢铁建筑物不再显得那么冷冰冰，使得石景山的文化底蕴更加深厚。

例如，《龙烟》讲述了 1919 年龙烟铁矿公司的成立过程。当初公司在选址的时候，有很多地方也同时入选，但是经过多次考察比较，还是选择了石景山。石景山拥有仙山，是一块风水宝地：虽然不生产铁矿，但是地理位置十分优越，其岩体多为砂砾岩和花岗岩，质地坚硬，便于构建大型工厂；地势平坦开阔，拥有广阔的扩展空间；不远处有将军岭，拥有大量的石灰石，铁矿通过铁路运输十分方便；钢铁厂依永定河而居，拥有大量的水资源；挨着发电厂，拥有丰富的电力资源。以上这些优越的建厂条件，都是发展钢铁工业需要的重要资源。《白屋》讲述的是虽然政府进购了一号高炉，但是由于社会动荡、缺乏资金，也没能炼出钢铁。政府实业救国的想法，只能变为泡影。1919 年建设的欧式白屋如今已经成为首钢厂史博物馆，这是人们有计划地进行文化产业的保护。《铁魂》讲述的是抗日战争时期，日军抢占了钢铁厂，将其改名为石景山制铁所。日军压榨与迫害中国人民，强迫其炼造钢铁。但是中国人民从来不缺乏民族气节，他们英勇抗敌，蓄意破坏，减少钢铁产量，与日军进行顽强抗争。新中国成立以后，钢铁厂的工人们十分欣喜，因为他们终于可以为自己的国家炼造钢铁，出一份力量了！此时流出来的炙热铁水不仅是炼造钢铁的原料，更是无数烈士为国牺牲抛洒的热血，还有千千万万工人想为国家做贡献的炙热的感情。这种民族归属感、自豪感、爱国主义精神，也是纪录片人文内涵的深入表达。《红楼》讲述的是新中国建设时期的故事。红楼招待所招待过许多国家领导人，他们和蔼可亲、心系国民、心系民生。那时，我们的国家工业建设刚刚起步,经济较为落后,十分重视钢铁产业。工人们的工作量大,工作条件艰苦,但是工资水平却不高。厂领导决定向毛主席写信反映真实情况,这件事受到了毛主席的重视,问题很快得到了解决。石景山钢铁厂开始实行八级工资制,不仅给工人增加了薪水,还提高了他们工作的积极性,提升了钢铁的产量。在新中国成立初期的风风雨雨中,首钢的发展和国情紧密相连。首钢在一次次实践中找到了正确的发展方向,走向灿烂的辉煌。《钢骨》讲述了改革开放之后,首钢为了扩大生产规模,用较为低廉的价格从比利时购进了一整座钢厂,通过海运经天津新港来到首钢的奇迹。工人们在拆迁过程中遇到了一系列的困难,但这是关于国家荣誉的艰巨任务,所有人都有着强烈的爱国热情,工作起来倍加认真。他们采用古人的智慧,提前完成任务,向世界展示了“中国奇迹”。纪录片的最后一集叫作《家园》,饱含着家国情怀。首钢是钢铁工人深爱的家园,为国家生产过大量的钢铁,推动了国家经济发展,但是由于时代的变迁、社会的发展,工业已经不再是首都的支柱产业,而且工业污染较为严重。为了环境、为了企业的长远发展,首钢决定搬离北京,去曹妃甸工业区重新发展。许多工人在这里工作了一辈子,早已把这里当成了自己的家,而首钢也见证了一代代人的老去,见证了祖国的繁荣富强。多少人故土难离,泪洒当场,是对工作的热爱、对家园的思念。现今北京石景山的旧厂区已改造为工业遗址公园。虽然高炉不再点火,但是这里曾经的辉煌会被人们永远铭记,那股炙热永远留在人们心中。这不是结束,而是一个新的开始。对于首钢而言,搬到了新的工业园区,有了更好的发展空间,可以创造更丰厚的利润,为国家、为世界制造出更加精密坚实的钢铁;对于石景山而言,这只不过是几千年历史中的一瞬,但这抹铁色记忆永远是浓墨重彩的一笔。

纪录片是人类的生存之镜。人文性的核心是人，是人对社会的亲和与叛离。在《铁色记忆》中，我们可以看到一个世纪以来，国家的强盛、民族的崛起、社会的进步、经济的发展、钢铁的变迁。这部纪录片具有太多的现实社会意义，就像一面真实的镜子，带你去回忆、了解曾经的过往，更好地掌握明天的幸福。通过影像，我们可以看到工人们生活的艰苦、工作的热情……这不是特殊的例子，而是当时千千万万普通工人的真实写照。这部纪录片十分注重时代性，按时间线索，系统地讲述了首钢发展的历史过程，把每一时期的不同特色都深刻地表达出来。

记录历史是纪录片的主要功能之一。纪录片不但要反映时代风貌、触及时代矛盾，而且要揭示时代本质、体现时代精神。《铁色记忆》记录了首钢曲折的发展过程，拥有深刻的思想情感。同时，它关注人民群众，关注民生民情，蕴含着丰富的人文内涵。

### （二）复杂、统一的叙事结构

这部纪录片以时间为经，以故事为纬，讲述了石景山与钢铁相伴的百年历史，分集虽有各自独立的主题，但是整体又统一在大主题之下。《铁色记忆》的题目带有明确的指向性，清晰地传达出作品的主题，细分下来包含三个关键要素——石景山、铁色和记忆，全片紧紧围绕这三个要素展开。在叙事逻辑上，每一集基本上都采用“发现古迹——关联钢铁——讲述钢铁故事”的叙述方式。开篇挑选石景山的一个文物或历史建筑作为旁引，结合它在历史洪流中与石景山钢铁产生的独特联系，将二者巧妙地交织在一起，推动石景山钢铁在历史时间线上的发展：从双眼古井开启石景山历史文化的篇章；运用倒叙回溯今天的历史建筑白屋见证过的战时重大决策，关联到混乱年代里龙烟铁矿公司艰难的生存与崛起;灯塔和龙烟铁矿公司构成的平行结构在历史的机缘巧合下发生了联系,在钢铁工业中,历史与人文的复杂性得以展现。文化的融入使钢铁不再是冰冷的工业,更增添了深厚的人文内涵,不仅记录了钢铁历史,就连石景山的地理、经济、文化等也尽收眼底。这些庞杂的事物看似与主题有所偏离,但对于一个国家来说,重大工业的发展与社会各个方面都有着不可分割的联系。在工业题材纪录片中穿插多领域的资料考证,埋入这样一条隐晦的线索,可以使观众对百年来钢铁之路的发展有更全面的把握,实质上对主题起到了很好的衬托作用。

在纪录片的叙事过程中,不同的时间与视角都一一对应,并加以时空转换,形成一幕幕古今对比。纪录片将历史与现实穿插交替,使人感受到不同的时代因钢铁而产生的相互碰撞。在《铁色记忆》的过渡画面中,频繁出现全景俯拍镜头下石景山如今的全貌,这和电视创作的"复叙"具有类似的意义。在历史演变中,它不再仅仅是一座无言的山峰,更是饱含着情感意蕴和思想内涵的文化标志。它的重复出现在人们的脑海中形成了深刻的印象,从而强调了纪录片的主旨。

《铁色记忆》分集节奏紧凑,详略有致,叙事方式复杂多变,但都紧紧贴合工业主题,使内容不显得分散,呈现出完整统一的效果。

### (三)故事之外的内容表达

无论是内容本身还是讲述方法,《铁色记忆》都为我们带来了心灵的震撼,它生动的故事化表达让原本一板一眼的历史变得跌宕起伏,在观众心中回荡余响。

整部纪录片的主体是以黑白电影的效果还原石景山钢铁工业的发展历程。它摆脱了文献化的平铺直叙,在时间轴上将石景山钢铁工业经历的重要磨难和事件描绘出来，精心设置悬念，营造冲突，在层层推进和引导下揭开迷雾。虽然其中添加了一些艺术夸张的成分，但是本质上依旧遵循纪录片最重要的原则——真实性。为了强调这一点，《铁色记忆》从多维度进行了探索：一方面是对如今的石景山而言，摄制组在现场取景，拍摄文物建筑，以求还原真实面貌，记录各领域工人的工作实况，使人仿佛全身心沉浸在现场，增添了故事的真实度和可信度；另一方面是对历史还原而言，纪录片采用古老影像进行历史再现，并对各个时期的社会全景进行冷静的分析。尤其可贵的是，《铁色记忆》对一些历史上有争议的人物做了较为客观的分析，并且有清晰的立场。像陆宗舆这样在中国外交史上有污点的人，影片并没有否认他在钢铁领域作出的贡献。全片都在对钢铁的历史就事论事，从钢铁的角度看待每个人的功过。

一个好故事从来不缺少文学性，《铁色记忆》也用大量文学色彩包裹着单调的钢铁工业，增加了纪录片的欣赏性。文学性最直观地体现在解说词中，从引经据典到节录现当代作家的文字，这些用于强调真实性的文献资料被巧妙融入讲述中，不仅增添了钢铁历史的厚重感，更彰显了它的文化底蕴，也让纪录片在文学性方面更上一层楼。

讲好工业题材故事往往需要多方面考证，以求在真实生动的基础上增加纪录片的专业性。该片紧紧贴合叙事情节发展，使用多领域专家学者和专业人士的采访现场声进行直接讲解，还收录了不少首钢退休工人及相关人士的采访影像，在讲故事的基础上，辅以详细全面的佐证。这样不仅拉近了历史与现实的距离，更使人们获得了极强的参与感和认同感。

所有匠心背后要传达的，都是故事带来的“愉悦、感动和哲思”，故事化的表达就像华丽的外包装，只有隐藏其中的民族力量及文化内涵,才能引起真正的共鸣,引发人们的思考,这恰好也是纪录片故事之外的魅力。

### (四)声画结合的综合艺术

声音在纪录片中十分重要,音乐和解说词是声音艺术的重要组成部分。背景音乐的轻重缓急配合着情节的发展,表达出不同的情绪,烘托故事氛围。如首钢公司的工人在比利时搬运收购的工厂时,两国工人的意见出现分歧,背景音乐随之节奏紧张,最大化地体现冲突,为故事营造情境;在群明湖旁回忆石景山钢铁记忆时,舒缓悠扬的音乐又满怀着眷恋和悲伤,诉说着离别的不舍,也透露出对新生活的展望。当然,只有音乐并不足以传达出更多细腻的感情,解说词在此起到了重要作用。它更直观、更清晰地表达出导演的意图,成为纪录片传递情感、阐发观点最直白的方式。在《铁色记忆》中,冷静的叙述夹杂着诗意的情感表达,人们在时而沉静、时而有力的解说中,明白首钢的搬迁并不是一个时代的结束,而是迈向新生活、新世界的美丽的开始。

画面的复杂变化同样体现着导演的巧思,虽形式多变却不会使人眼花缭乱,而是充分运用色彩和蒙太奇艺术将历史与现实所要表现的内容区分开。代表历史的黑白画面还原了当年在艰辛磨难中顽强生存的国人和祖国的钢铁实业,与今日平静温暖的彩色调城市图景形成了鲜明的对比,镜头切换之间产生了强烈的冲撞感。一时间,百年的磨难、智慧与民族的韧性交融为一体。

除了上面谈到的几部纪录片之外,近年来,国内还涌现出一批优秀的大型工业题材纪录片,如《工业传奇》《大国重器》《大国重工》等,生动展示了中国工业发展的蓬勃历程。这些影视作品包含着科技之光、劳动之美以及奉献之崇高,是展现中华民族自强不息、谋求发展,实现“中国梦”的优秀艺术载体。中国是一个正处于产业巨变时期的工业大国，其中有许多好故事、好素材，只要我们用审美的视角去关照，用人文的情怀去塑造，同时借鉴优秀的海外工业题材纪录片的创制经验，一定可以创作出更多有内涵、有意义的中国故事。

# 第七章
# 首钢园区的人文内涵挖掘与文化创意品牌发展建议

首钢园区坐落于北京市石景山区西南部、永定河左岸、长安街西延长线的尽端。其西南部依傍永定河，东与东北部和石景山区古城、金顶街地区毗邻，南与丰台区搭界，西与西北部濒永定河和门头沟相望，是石景山、门城、丰台河西地区的三区交汇点。

首钢是中国最早兴建的近代钢铁企业之一。1919 年 9 月，官商合办的龙烟铁矿股份有限公司在石景山建厂，委托美国公司设计工厂、制造设备。1937 年 7 月，日军占领石景山炼铁厂，将其改名为石景山制铁所；1945 年 11 月，国民党政府接收石景山制铁所，将其改名为石景山钢铁厂（简称石钢）。抗日战争爆发后，中共中央派党员来到石钢开展地下工作，向工人宣传革命道理，扩大党的影响。1945 年 11 月，中共石景山地区工作委员会成立，该地区的党组织主要分布在石景山钢铁厂和石景山发电厂。解放战争时期，在党组织的领导下，石钢开展了多次工人运动，对防止“设备南迁”、保护工厂、迎接解放作出了巨大的贡献。1949 年 6 月，解放了的石钢恢复生产，产量不断提高。新中国成立后，通过技术改造和建设，1958 年石钢建起了侧吹转炉，结束了石钢有铁无钢的历史；1964 年石钢建成了我国第一座 30 吨氧气顶吹转炉，在我国最早采用高炉喷吹煤技术;1967 年 9 月 13 日,经冶金工业部批准,石钢改名为“首都钢铁公司”(简称首钢)。改革开放后,首钢迎来了改革腾飞的新时期。20 世纪 70 年代末,首钢二号高炉成为当时我国最先进的高炉。在北京建设国际化大都市和筹办 2008 年奥运会的新形势下,首钢服从大局,开始搬迁,定址河北唐山曹妃甸。2011 年 1 月,首钢石景山钢铁主流程全面停产,首钢获颁“功勋首钢”纪念碑,自此,首钢进入全新的转型发展阶段。目前,首钢连续 6 年进入世界 500 强。

2016 年,随着 2022 年北京冬奥组委会的进驻,首钢再度与奥运结缘,与祖国和首都的新一轮伟大征程结缘。红与白、冰与火的碰撞与交织,为北京市复兴新地标的建设铺就了新的道路。这里有文化的复兴——延续老工业文化脉络,传承“山—水—工业”特色景观体系;生态的复兴——规划建设好的后工业景观休闲带和永定河生态带将营造大疏大密的生态格局,撑起城市西部生态骨架;产业的复兴——紧抓冬奥契机,推动体育与科技、传媒、创意等产业融合发展,实现区域可持续发展;活力的复兴——以建设国际人才社区为抓手,创建一流宜居宜业环境,激发创新活力。新兴业态的文化产业将在首钢园区生长出最具生命力的果实。

## 第一节　深度挖掘园区文化资源

### 一、文化资源

文化资源是文化创意产业发展的源头,在不同的标准及体系下有着不同的分类和界定,代表性观点有:其一,把文化资源视为文化的同义语，提出“文化也是资源”；其二，从性质角度区分，文化资源可以分为物质文化资源和精神文化资源；其三，认为“文化资源是人类劳动创造的物质成果及其转化”，并按历时性分为历史资源和现实资源；其四，把文化资源视为“可供主体利用和开发，并形成文化实力的各种文化客观对象，包括前人创造积累的文化遗产库，今人创造的文化信息和文化形式库，以及作为文化活动、设施与手段的文化载体库等”①。另外，还有学者把文化资源分为历史文化资源与现实文化资源、人文文化资源与自然文化资源、有形文化资源与无形文化资源、可再生文化资源与不可再生文化资源等。

这些观点从各个层面探讨了文化资源的体系分类，其内核都在于“人的作用”。但“文化资源”实际上更偏向于资源学，“由于在现代产业背景下针对文化产业来讨论文化资源问题，同时由于资源的定义并非一成不变，而是随着人类社会实践深化和时间推移有所拓展”②，因此在文化产业的视角下谈文化资源，重点应该是“文化产业化”，应将“文化资源”界定为“文化产业资源”，“文化产业资源”的关键就在于“产业化”这一内核。

如果说工业资源的文化产业转化指的是利用现有工业资源，如厂房、技术、生产情景、企业故事等进行文化产业的改造和利用，以获得企业文化发展与实现文化产业资源开发的双赢局面，那么对于首钢的认识就不能局限于工业资源，而应该放眼能够产生文化价值的文化产业资源，即运用文化产业理论，以新的视野和观念对“资源”进行归类梳理，挖掘这些资源更为丰富的附加值，将一些过去价值不高的“废弃物”变成“金子”。那么，什么是文化产业视角下的资源转化呢？简单

① 向勇. 文化产业导论[M]. 北京：北京大学出版社，2015：13.

② 向勇. 文化产业导论[M]. 北京：北京大学出版社，2015：13.

地说,就是通过挖掘资源的“文化”属性这一核心价值,提升资源的产业附加值,从而实现更高的社会、经济、生态效益。

首钢是中国大工业时代的见证者、中国现代钢铁工业的先行者,具有世界级的资源价值。首钢园区拥有的工业建筑物、文物遗迹、绿化、水域、山体以及道路、铁路、管廊等丰富的资源,都可以通过改造成为“产业化”资源。

将首钢园区的文化资源进行产业转化具有重要的意义。其一,有助于展现工业遗产,留存历史记忆。首钢在中国工业历史以及北京城市建设和发展史上占据着特殊的地位,既是共产党人感天动地的伟大壮举,也是工人阶级建设新中国、建设社会主义伟大事业的壮举。虽然它的主体已经搬迁,但留存的工业遗迹是历史的见证和记忆。其二,有助于再现共产党的红色历程,激发人们的爱党爱国情怀。数十万首钢人曾经在这里工作、生活,他们将热爱党、热爱祖国、热爱家园的感情化作动力,努力生产。这里迸发的首钢精神,激发了全国工业行业的生产热情和首都人民建设新北京的热情,这是首钢人民对党忠诚无私奉献的最好体现。其三,首钢园区的资源改造利用,对区域经济发展以及城市景观的塑造也有重要的影响。

## 二、首钢园区的文化资源

首钢园区的文化资源主要有工业遗产资源、自然景观资源、历史建筑资源、博物馆资源、冬奥文化资源等。

### (一)工业遗产资源

首钢园区的工业遗产相当丰富,厂区内保留的工业遗产有 31 处,是我国历史久远、规模庞大、保护完好、工业结构完整的工业遗产群，具有世界级的资源价值（如表 7.1）。

比如，园区内的三号高炉是 1992 年由首钢自己设计、制造、施工、调试兴建的第一座炉容超过 2500 立方米的现代化大型高炉，也是首钢老厂区冶炼体系中最典型的一条生产线。它遗留的建筑群是中国钢铁自主创新的珍贵写照；园区内的鱼雷罐车是首钢工人创造的奇迹，从设计到制造完成只用了两个半月的时间，结束了我国引进鱼雷罐车的历史；遍布首钢的铁轨是在不同时期，根据首钢的建设需要不断铺设的，是串联首钢发展的脉络，其中最早的铁路线建于 1936 年。

这些资源属于有形文化资源中的现实物质资源，可归为工业遗产资源。开发工业遗产资源的一个重要前提就是在保持首钢园区肌理的情况下做好甄别分类工作：一些具有代表性的反映某段历史的建筑、设施需要保护性开发；一些象征性的设施如轨道、管道可以有选择地加以的改造利用；而那些无代表性和历史价值的建筑、设施可以进行效益最大化的再开发。

**表 7.1　首钢园区代表性工业遗产**

| 序号 | 名称 | 简介 |
| --- | --- | --- |
| 1 | 厂史展览馆 | 1919 年为建造首座高炉基座用采挖的青山石砌成，供高级管理人员和担任技术指导的美国专家办公。原为 L 形平面，现仅存长边作为首钢厂史展览馆使用。 |
| 2 | 厂东门 | 厂东门建于 1992 年，仿中南海西门建造，是首钢厂区主干道的起点，也是十里钢城的标志性建筑。2013 年 2 月，北京市新首钢高端产业综合服务区发展建设领导小组第一次会议作出决定，对厂东门实施迁建。如今的厂东门坐北朝南，面向长安街西延长线。 |
| 3 | 红楼迎宾馆 | 红楼迎宾馆位于石景山脚下，是 20 世纪 50 年代为接待苏联专家而建的，是苏联援助首钢扩建这一特殊历史事件的见证。现在成为接待前往首钢度假休闲的各界人士的宾馆。 |

续表

| 序号 | 名称 | 简介 |
|---|---|---|
| 4 | 二号高炉 | 1943年拆建自日本釜山炼铁厂,1951年建成投产,是国内第一座机械化、电气化并配有自动仪表的新式高炉。二号高炉直到2006年为迎接奥运才停炉,成为全国首屈一指的"长寿高炉"。 |
| 5 | 三号高炉 | 三号高炉是1992年由首钢自己设计、制造、施工、调试兴建的第一座炉容超过2500立方米的现代化大型高炉。 |
| 6 | 四号高炉 | 四号高炉建于20世纪70年代初,服役35年。1970年6月8日,周恩来总理在接见参加全国重点钢铁企业座谈会的全体代表时,对首钢即将建设的四号高炉给予极大的关注和支持,鼓励首钢要"为首"。 |
| 7 | 五号高炉 | 原为"三号高炉",1992年7月改称为"五号高炉",这是新中国成立后石钢建设的第一座高炉。1959年5月23日,五号高炉竣工投产,石钢邀请梅兰芳先生来演出《凤还巢》,以示庆贺。五号高炉拆除后建成了演艺广场,成为首钢的文化新地标。 |

### (二)自然景观资源

首钢园区的自然景观资源主要由石景山山体和永定河水体组成,园内中心位置有"燕都第一仙山"美誉的石景山、人工湖群明湖与秀池,园林建筑以及自然山水资源十分丰富。这些资源中虽然有人文资源,但是其依托于自然景观资源,同时产业化方向是自然园林景区,故归为自然景观资源。

群明湖是人工湖,坐落在厂区中部,同秀池一样是一座经过环保处理的高炉循环水池,占地面积约10万平方米,建于20世纪50年代,80年代成为文化景观。该湖的北侧、三号高炉的西面,有一个"大水池子",面积仅为群明湖的四分之一,那是新中国成立以前就有的群明湖的母亲——引永定河之水形成的晾水池。与其对照,群明湖就成为新中国成立后首钢飞速发展的历史见证。群明湖湖畔有仿古园林建筑群:由群明生辉牌楼以及亭、榭、廊、桥相连而成。群明湖水域开阔，冬春季有野鸭在此栖息，还有鱼类穿游其中，环境宜人，同时，首钢的冷却塔、空分塔、煤仓等工业设施环绕周围，组成了著名的“群明塔影”。

群明湖不远处即著名的石景山，石景山有“燕都第一仙山”的美誉，海拔183米的石景山在历史上又被称为石井山、石径山、石经山、湿经山，典故是山上的“晒经台”与双眼石井，现在石景山南天门以北的摩崖处还有“石经山”三字可见。据石景山上1615年的《重建石景山天主宫碑记》记载：“神京之西，四十里许，山曰石经，又云湿经，亦名石景。惟山雄峙一方，高接云汉，钟灵秀之气，郁造物之英，真为燕都之第一仙山也。”据此，石景山闻名京畿。历史上，关于石景山的传说很多。相传唐僧师徒四人西天取经在石景山下的永定河里落水，在山上晒经，所以石景山又叫湿经山；石景山有双眼古井，所以又被称为石井山。石景山古建群就坐落在石景山上，是石景山区文化保护单位。

**（三）历史建筑资源**

石景山峰峦东南坡的绿荫深处，有一座既神秘又庄重的建筑，它就是首钢红楼迎宾馆。红楼迎宾馆由白楼和红楼两部分组成，二者连为一体，环山而居。白楼建于1940年初，为侵华日军建造，国民党统治时期改为“高级职员俱乐部”，新中国成立以后首钢将其作为专家招待所。红楼建于1955年，用红砖垒砌而成，故人们称其为“红楼”。与现代的宾馆相比，红楼迎宾馆显得古朴、陈旧，但这里的每一个房间、每一块砖石，都承载着丰富的历史，都是重要历史事件的见证者。20世纪50年代，援助首钢建设的10多位苏联专家就住在红楼。红楼是首钢的第一座楼，党和国家领导人、外国政要访问，都在红楼接待。

红楼至今已有80多年的历史，不仅见证了首钢的发展变迁，更见证了新中国党和国家领导人对首钢建设的关心与支持。国家发展钢铁工业的许多决策都是在这里形成的，探究中国钢铁工业的历史，红楼不可或缺，这里珍藏了首钢最骄傲的记忆。

### （四）博物馆资源

当前，首钢园区内有一座北京市爱国主义教育基地——陶楼。作为厂史厂志展览馆和首钢规划的展览中心，陶楼展厅用大量的实物、视频和图片生动地展示了首钢自 1919 年诞生以来就与国家和民族的命运紧密相连，特别是改革开放 40 多年来，首钢人始终秉承强企报国的使命，一路改革创新的奋斗历程。陶楼不仅全方位展现了首钢人创建中国最大的钢铁联合企业的辉煌业绩，还描绘了新首钢的美好未来。

在不远的将来，“功勋高炉”三号高炉将通过改建、扩建等手段，变身为一座现代化的工业博物馆。这座拥有厚重工业历史的遗址将以博物馆的形式继续讲述关于首钢的故事。

### （五）冬奥文化资源

2016 年，北京 2022 年冬奥组委入驻首钢；2018 年 6 月 5 日，北京 2022 年冬奥会和冬残奥会官方城市更新服务合作伙伴签约仪式在首钢园区北京冬奥组委办公区举行。首钢正式成为北京 2022 年冬奥会和冬残奥会官方合作伙伴。为此，首钢完成西十筒仓区域约 10 万平方米工业遗产改造，使北京冬奥组委顺利入驻办公。应国家体育总局的要求，首钢将精煤车间等工业遗产改造为速滑、花滑、冰壶、冰球训练馆，并建设配套公寓，兼具商业化运营；将冷却塔改造为特色酒店，使冬奥广场两湖区域成为以冰雪项目为主要特色的功能齐全的文体休闲、消费区域,营造差异化的宜居宜业环境。

2019 年年底首钢滑雪大跳台建成(如图 7.1)。同年,沸雪北京国际雪联单板及自由式滑雪大跳台世界杯在首钢滑雪大跳台落幕。

无论是前冬奥还是后冬奥时代,“火”与“冰”的碰撞融合都是首钢园区的文化亮点。

**图 7.1　首钢滑雪大跳台夜景**

## 第二节　突出“匠魂精神”　讲好品牌故事

许多工业文化园区,尤其是工业遗产转化利用的创意场景都容易产生“见物不见人”的问题。没有了人文历史,机器厂房就像被抽离了灵魂的空壳;没有了人的印记,再富有创意的改造也只能是缺乏“意味”的形式。百年首钢既有厚重的工业人文历史,又具有新时代的中国故事，将其中的“人”和“事”在新的工业文化园区中留存、放大，并进行全新讲述，定会成为“品牌故事”，为园区注入生命力。

## 一、品牌文化的含义

品牌的英文单词为“Brand”，源自古挪威文“Brandr”，意思是“烧灼”。人们用这种方式来标记家畜等需要与其他事物相区别的私有财产。到了中世纪的欧洲，手工艺匠人用这种方式在自己的手工艺品上烙下标记，以便顾客识别产品的产地和生产者，这就产生了最初的商标。它不仅为消费者提供担保，同时向生产者提供法律保护。16 世纪早期，蒸馏威士忌酒的生产商将威士忌装入烙有生产者名字的木桶中，以防不法商人偷梁换柱。到了 1835 年，苏格兰的酿酒者使用“Old Smuggler”这一品牌，以维护采用特殊蒸馏程序酿制的酒的质量声誉。

在《牛津大辞典》里，品牌被解释为“用来证明所有权，作为质量的标志或其他用途”，即用以区别和证明品质。总之，品牌是指用于区别产品、服务、企业的可感知的表意系统或抽象的理念、象征。品牌，是广大消费者对一个企业过硬的产品质量、完善的售后服务、良好的产品形象、美好的文化价值、优秀的管理系统等所形成的一种评价和认知，是企业经营者投入巨大的人力、物力甚至几代人辛勤耕耘建立起来的一种影响力。

质量是品牌的本质、基础和生命；服务是品牌的重要支撑，是商品不可分割的一部分，也是市场竞争的焦点；形象是品牌在市场上、消费者心中所具有的个性特征，体现消费者对品牌的评价与认知；文化价值是品牌的内涵，是社会物质形态和精神形态的统一，是现代社会的消费心理和文化价值取向的结合。

品牌文化，指通过赋予品牌深刻而丰富的文化内涵，建立鲜明的品牌定位，并充分利用各种强有效的内外部传播途径使消费者对品牌在精神上产生高度认同，最终形成强烈的品牌忠诚。拥有品牌忠诚就可以赢得稳定的市场，大大增强企业的竞争力，为品牌战略的成功实施提供强有力的保障。

品牌文化的核心是文化内涵，具体而言就是品牌凝聚的价值观念、生活态度、审美情趣、个性修养、时尚品位、情感诉求等精神象征。品牌文化通过创造产品的物质效用与品牌精神高度统一的和谐境界，超越时空的限制带给消费者更多的高层次的满足、心灵的慰藉和精神的寄托，在消费者心灵深处形成潜在的文化认同和情感依恋。优秀的品牌文化是民族文化精神的高度提炼和人类美好价值观念的共同升华，凝结着时代文明发展的精髓，渗透着对亲情、友情、爱情的深情赞颂，倡导健康向上、奋发有为的人生信条；优秀的品牌文化可以生生不息、经久不衰，引领时代的消费潮流，改变亿万人的生活方式，甚至塑造几代人的价值观；优秀的品牌文化可以以独特的个性和风采，超越民族，超越国界，超越意识，深入人心；优秀的品牌文化可以赋予品牌强大的生命力和非凡的扩张能力，进一步提高品牌的号召力和竞争力。更重要的是，优秀的品牌文化可以使消费者的消费行为变成一种自觉行为，使该品牌产品成为消费者生活中不可或缺的内容。

在塑造品牌文化方面，品牌故事的保留和书写是极其重要的一环。例如，可以从企业名称的来源、发展历程、产品研发（设计）、关键人物、关键事件展开，用散文化的笔法梳理和阐述企业品牌历史和文化，赋予企业品牌以经典、内敛、富有内涵、代表更高层次人生追求的精神和气质，打动目标人群，同时形成经典美文或其他视频材料，以便广泛、长期流传。

## 二、首钢的品牌故事

百年首钢，连接着历史和未来，“好故事”不胜枚举。新中国成立初期“一天打八仗，三天不卸甲”的创业故事；改革开放中收购赛兰钢厂的故事；新时代与冬奥携手，共建京西文化新地标的故事；21 世纪搬迁中的“浴火重生，敢为天下先”的故事……从毛泽东支持首钢工资改革，到周恩来到工人家里串门儿；从周立波创作《铁水奔流》，到贺敬之难忘的首钢情；从震慑赫鲁晓夫的首钢民兵方队，到比利时钢厂大拆迁……这些重要的素材资料不应该只写在书本上或珍藏于博物馆中，更应该加大推广宣传，让更多人知晓。

### （一）“一天打八仗，三天不卸甲”的创业故事

解放初期，首钢高炉不冒烟，场地长满草，老一辈首钢人发扬主人翁精神，谱写出一部艰苦创业的红色工业发展史。工人们靠大锤、扁担和箩筐，仅花费半年的时间，在 1949 年 6 月，就使新中国的第一炉铁水在石景山诞生。此后，工人们以“顶破天花板，才能见青天”“回马坡前不怕鬼，强敌面前不服输”“一天打八仗，三天不卸甲”“党员无功就是过，平平淡淡就是错”的创业精神，迅速掀起恢复生产的劳动热潮。1950 年 10 月，抗美援朝战争开始，国家需要钢铁，首钢发出了“苦干三年”的口号。全厂工人三班倒，不分昼夜，吃在大食堂，住在大宿舍。当时有人依据工人体重、喝水、排尿量计算了一下，“平均每人一天出的汗能有 10 到 12 斤”①。1952 年年底，首钢的生铁产量从 1949

---

① 工人用镜头记录曾经激情燃烧的钢铁年代[J]. 文史参考，2011(6)：54 – 56.

年的2.6万吨猛增到34.2万吨，年产量比新中国成立前30年的产量还多5.6万吨，在鞍钢之后列全国第二位。1958年9月，工人们在庄稼地里苦战14天，建成了3吨侧吹小转炉，结束了首钢有铁无钢的历史；1961年5月，建成了当时具有世界先进水平的年产30万吨小型材轧钢生产线，标志着首钢轧钢开始起步；1964年12月，中国第一座氧气顶吹转炉在首钢诞生，揭开了中国转炉炼钢新的一页；1965年，首钢高炉喷吹煤粉、入炉焦比、高炉利用系数等经济技术指标达到世界先进水平，首钢炼钢技术居于全国领先水平。

### （二）赛兰钢厂的收购故事

在首钢的发展历史中，收购比利时赛兰钢厂的故事最具传奇色彩，也最能体现改革时期首钢"做天下主人，创世界第一"的精神。1983年，首钢年产铁已达300万吨，但当时的炼钢能力只有200万吨左右，严重制约着钢铁生产的持续发展和经济效益的提高。随着改革开放的深入，首钢更加迫切地需要建设一座新的现代化炼钢厂。首钢党委看到当时西方钢铁业萧条，有大量闲置钢铁生产设备拍卖，果断决定投资4000万元人民币，购买比利时赛兰钢厂。1985年9月，300多名首钢职工组成的搬迁队伍抵达赛兰。从1985年9月9日到1986年4月29日，首钢人仅用7个月零20天，就将2.6万平方米、5万吨重的赛兰钢厂拆除干净，于1987年9月搬迁到首钢，年产300万吨钢。"首钢人以前所未有的高速度、高质量、高水平，完成了这次震惊中外的二手设备大拆迁，把这样一座宏大的钢厂，万里迢迢地从比利时拆运到中国,确实是一次了不起的壮举。"①

壮举之壮,不仅是事业的伟大,更是人的精神的伟大。面对资金短缺、技术复杂、路途遥远、运输艰难等重重困难,首钢人没有退缩,而是以坚韧的信念和过人的智慧攻坚克难。例如,大拖车将转炉及托圈运到比利时莫子河港口后,人们发现轮船经过处虽有多个桥洞,但由于物件超高,无法从桥洞中通过。"经过集思广益,反复研究,大家从古代'曹冲称象'的故事中得到启发,一个用沉船的办法横穿莫子河桥洞的方案形成了。首钢从比利时租用了能沉入河底的驳船,采取'船舱注水下沉'的措施,使驳船路过桥洞时下沉到水里,降低到一定的高度后通过桥洞,再将水排出,使驳船浮出水面继续前行。就这样,终于把这批'四超'构件及设备运到了比利时安特卫普港。"②

比利时巴伦维克公司副总裁评价说:"原来我们预计工期要一年半,或至少 15 个月,没想到你们这么快就拆完了。"曾任比利时副总理的赛兰市长也感慨地说:"中国是伟大的国家,中国工人了不起,首钢工人了不起。"

### (三)建造 2008 年北京奥运会主火炬塔的故事

2008 年北京奥运会需要制造一个 40 多吨重、30 多米高的"主火炬塔",这个被称为"特殊工程"的项目,是首钢在浩繁沉重的搬迁过程中,在距奥运会开幕 228 天的紧张日程中挑起的沉甸甸的责任和使命。据北京奥运会火炬塔项目主要负责人、首钢集团首建公司董事长王文利介绍,主火炬塔落座"鸟巢"克服了数道难关:45 吨重的奥运会

① 杜文田. 首钢从比利时拆迁赛兰钢厂[J]. 当代北京研究,2013(1):28 - 32.(杜文田,1937 年 10 月生,1985 年 8 月至 1986 年 8 月赴比利时任塞兰钢厂拆迁队队长,组织钢厂的全面拆迁工作。)

② 杜文田. 首钢从比利时拆迁赛兰钢厂[J]. 当代北京研究,2013(1):28 - 32.

主火炬位于“鸟巢”边缘,加上拖梁、液压等装置总重量达405 吨;高度为32 米,相当于10 层楼高。要将制作完成、在地面通过连体试验的主火炬塔安装到50 多米高“鸟巢”顶部,偏差不能超过2 毫米。面对这些困境和难题,首钢人再次展示了政治意识、责任意识、大局意识和高度的抗压能力及创新智慧。“最惊险的一幕,就是起吊火炬塔主体结构的那一刻。”王文利回忆说,吊装当天,刮起了大风,作业被迫停止。“起吊过程中如果出现轻微晃动,就容易和‘鸟巢’钢梁结构发生碰撞,任何创伤损失都是难以弥补的。”吊装第二天,临近中午,风力突然减弱,安装队员们顾不上吃饭,迅速投入工作。“半小时后,风力又有所加大,火炬塔主体结构开始在空中晃动,几次与‘鸟巢’钢梁擦肩而过。”“所有队员站在横梁上,用尽力气拽住牵引绳索,终于将火炬塔主体结构平稳地落在‘鸟巢’上。”①2008 年北京奥运会开幕的灿烂星光下,是首钢人在用拼搏和努力保驾护航。

### (四)搬迁和停产的故事

2005 年,为了适应北京作为国家首都、国际城市、文化名城和宜居城市的功能定位,满足举办2008 年奥运会对环境的要求,促进我国钢铁企业布局调整和产业结构优化升级,经国务院批准,首钢决定将涉钢产业迁出北京,在河北曹妃甸建设新的现代化钢铁基地。2010 年12 月18 日,首钢炼铁厂3 号高炉流出最后一炉铁水;2010 年年底,首钢北京钢铁主流程全线停产。

一个历史悠久、规模巨大、人数众多的钢铁骨干企业进行搬迁调整,不仅在我国工业发展史上没有可以借鉴的经验,就是在全世界范

---

① 首钢集团披露吊装北京奥运会主火炬塔的“秘密”[EB/OL].(2008 - 08 - 12)[2021 - 06 - 03].http://2008.sohu.com/20080812/n258801018.shtml.

围内,也很难找到可以效仿的先例。搬迁任务能否顺利完成,对于首钢无疑是一场严峻的考验。为了完成这一伟大使命,多少职工要远离家乡和亲人,奔赴陌生而艰苦的环境,进行全新的拼搏,开创全新的事业;多少职工要在北京老厂坚守阵地,在同事、伙伴不断被抽调的情况下,攻坚克难,站好最后一班岗;多少职工不得不面临人生道路和工作岗位的重新选择,而这些选择往往又关系着千万个家庭的切身利益。职工们在北京厂区五号高炉停炉的留言簿上,怀着深情写下了这样的话:"老朋友,别了,为了更美好的明天！我们失去了工作岗位,换来的是北京国际大都市崭新的面貌。""为了首都的天更蓝、水更清,为了 2008 年奥运会,我们甘愿作出牺牲和奉献。"①是的,在这些现实而具体的困难面前,首钢人选择了承受,选择了面对,他们顾全大局、舍小家、顾大家,勇于牺牲,敢于担当,在逆境中又创造了一个又一个坚守的奇迹、奉献的奇迹。

除了搬迁,停产又是一大难题。钢铁生产是一个比较危险的行业,停产过程中稍有不慎就有可能酿成重大事故。一次性停产 400 万吨的产能,在全世界范围内还没有成功的经验可以借鉴。为了安全停产、稳定停产和经济停产,首钢提前对 2.1 万人次参与停产的职工进行了严格的培训,准备了各种紧急预案,并多次进行演练。通过这些举措,历时 128 个小时的停产过程没有任何伤亡、着火和爆炸事故发生,百年首钢实现了北京地区的完满谢幕。

除了上述这些具有里程碑意义的故事之外,首钢还有许许多多的小故事也具有发扬品牌精神的意义。

这里曾经飘荡着文艺的气息。在过去的几十年中,首钢人在"十

---

① 首钢总公司发展研究院. 浴火重生:首钢搬迁风云录丛书[M]. 北京:人民出版社,2011:6.

里钢城"的标志性建筑——"五一剧场"里，开大会、看电影、看演出，梅兰芳、马连良、张君秋等京剧名家都曾在这里演出，留下了许多珍贵的回忆。将这座以劳动者节日命名的剧院以及在此发生的故事予以讲述、放大，既能彰显对劳动者的尊重，亦是对劳动者生活历史的保留。

这里曾经荡漾着科学的气氛。"炉前工"大科学家钱伟长曾在这里和大家一起排队，一起蹲在大树下面边吃饭边聊天，给工人们讲力学知识。

这里曾经有无数的劳动模范，正是他们的奉献，让共和国的铁水钢花不停奔流。例如，新中国成立初期，为了提高高炉风温，和工友们夜以继日地奋战在高炉的炉台上，终于破解了热风炉风温上不去的难题的全国劳动模范程德贵（如图 7.2）。他不仅个人一生心系首钢，而且一家三代人都是首钢的员工，是首钢的"家里人"。

**图 7.2　首钢全国劳动模范程德贵**[①]

在首钢园区的展示中，除了"首钢展览馆"之外，还应当在保留"匠魂精神"的工业遗迹——"鱼类罐车""五一剧场""功阁碑"等地方对首钢的诸多故事进行进一步生动、立体的宣传讲述，让首钢优质的人文内涵成为园区不灭的灵魂和品牌。

首钢园区的"六工汇"，是具有

① 政协北京市石景山区委员会. 石景山工业文化遗产[M]. 北京：北京日报出版社，2018：331.

工业品牌理念的现代办公空间。这里将人文情怀和商业元素做了很好的融合和对接。“六工”出自《礼记》,“天子之六工曰:土工、金工、石工、木工、兽工、草工、典制六才”。“工”寓意着匠人精神,体现了钢铁搭建的建筑形态和工业传承的印记。“汇”则是汇聚、聚集的意思,寓意创新的火花在这里碰撞、燃烧,首钢的能量和火热在这里被点燃。

## 三、首钢原有的文化产业品牌

2000 年首钢开展工业旅游项目,以“钢铁是这样炼成的”为主题,以钢铁生产工艺流程为主线,穿插首钢人文景观、企业文化和历史古迹,让游客身临其境,感受钢铁生产的壮观场面和现代化工业企业的风貌,为社会提供了一个较理想的科普教育、爱国主义教育、学术交流、休闲娱乐的教育基地和旅游场所。该项目是以首钢集团工业生产活动为依托发展起来的一项特色项目,正在朝着产业化方向发展。轰轰烈烈的钢铁生产场面与美丽的湖光山色有机结合,和谐而美好。该项目自 2000 年开展以来,深受海内外各界人士的好评,2004 年首钢被国家旅游局评为“首批工业旅游示范点”。

随着石景山路西延工程的建设以及《北京城市总体规划(2016年—2035 年)》的发布,西山永定河文化带被列入发展规划,首钢作为重要节点,必将在未来一段时间受到全社会的广泛关注。如何利用这些契机,是首钢园区树立和发展文化品牌要思考的问题。而继续举办特色活动,无疑是吸引社会关注的重要举措。例如,首钢利用月季园开发了首钢赏花节,利用工业建筑和湖水资源打造了“闪耀北京”光影文化季,在五号高炉演艺广场举办了“铁色记忆”——中国三大男高音

"唱响首钢"实景音乐会等。这些特色活动为品牌的形象塑造起到了正面作用,提高了首钢园区的人气。

## 第三节 利用媒体助力宣传推广

在媒介发达的今天,"好故事"和"讲好故事"同样重要。媒介是人的延伸,要将首钢的工业文化产业成功地宣传和推介出去,还需媒体的助力推广。

### 一、传统媒体推广

在传统媒体推广方面,主要有文学和影视两类作品。

文学方面,主要有报告文学和话剧剧本。例如,河北知名报告文学作家王立新历时十年创作而成的长篇报告文学"首钢三部曲"(《曹妃甸》《首钢大搬迁》《大海上的钢城》)。作品描绘了首钢搬迁的壮举:"十多万首钢人背井离乡,陆续到长城脚下和渤海岸边一片又一片荒凉的处女地上,从零开始创业、创新、创优,辉煌而又悲壮。"又如,唐朝晖耗时三年写就的关于首钢工人的长篇非虚构文学作品《百炼成钢》。

《实现》是北京首钢文化发展有限公司2016年7月推出的首部大型工业诗歌话剧。著名编剧郑天玮说:"本剧以习近平总书记的指示为宗旨,以中国工业文明的发展历程为背景,描写了产业工人的工作生活、理想情操,讲述了工人阶级在实现梦想的过程中的豪情与深情、坚韧与执着,颂扬了他们无私奉献、锐意进取的高尚情怀。"国家一级导演顾威说:“这部作品的诞生填补了演出市场上工业题材的空白,将工人真实的生活状态展现在观众眼前,展示了有血有肉的工人的家国情怀,将社会的目光聚焦到基础工人身上。”

影视方面,主要有首钢“意象片”和首钢“对象片”。前者中的首钢是一个场景、背景或符号,后者中的首钢是影视表现的主题。首钢“意象片”,如八一电影制片厂拍摄的影片《邓小平的法兰西岁月》,其中的大部分镜头都是在首钢拍摄的;在城市/地区宣传片中,石景山区宣传片《美丽石景山》《开门见未来》中也有许多关于首钢的形象。

专门以首钢为表现对象的传统媒介宣传规模比较大的有纪录片和系列新闻报道。如表现首钢题材的纪录片《石景山——铁色记忆》《首钢大搬迁》。《石景山——铁色记忆》将“山”与“钢铁”相结合,在追溯石景山历史文化渊源的同时,讲述了首钢这个“钢铁王国”的历史,揭示了我国钢铁文明的演进历程。《首钢大搬迁》讲述的是 21 世纪初,首钢因北京市环保要求和城市发展空间布局的影响,走出北京,在曹妃甸建功立业,实现“钢铁强国梦”的感人历程。两部作品都真实地记录和展示了首钢人的民族情怀和奉献精神,在社会中造成了较为广泛的影响力,提升了人们对首钢的认识。

系列新闻报道主要有北京新闻广播等媒体联合推出的特别报道《春天的脚步——走进新地标》的第一集《百年首钢,打造新时代首都城市复兴新地标》等。

## 二、新媒体推广

在当今网络时代,新媒体凭借短小、快捷、使用方便等特点受到人们的欢迎,微信公众号、短视频成了更加亲民的信息传播手段。首钢园区可借助新媒体进行宣传推广,与民众互动,从而扩大园区的影响力。目前,专门对首钢园区进行报道的微信公众号主要有“首钢园”“首钢新闻中心”,经常报道首钢园区信息的有“北京石景山”和“AI 石景山”。

微信公众号“首钢园”以“新时代首都城市复兴新地标”“高端产业综合服务区”为核心,不断向公众推送首钢园区的历史、现在和未来。“首钢园”目前开设了三大板块,下设 11 个专题:“关于园区”板块包括“园区概况”“产业定位”“北区规划”“首钢精神”“首建投公司”;“热点推荐”板块包括“首钢新闻”“园区发展”“活动掠影”;“党建文化”板块包括“党建动态”“身边故事”“员工心声”。表 7.2 为“首钢园”发布的代表性文章。

**表 7.2 “首钢园”发布的代表性文章**

| 文章标题 | 文章来源 | 文章形式 | 发布日期 |
| --- | --- | --- | --- |
| 《超炫！带您全视角看首钢滑雪大跳台》 | 首钢新闻中心 | 图 + 文 | 2019 - 12 - 09 |
| 《直播剧透:“冰火铸梦 丝路飞天”光影秀明晚上演》 | 首钢新闻中心 | 图 + 文 + 视频 | 2019 - 12 - 11 |
| 《首钢园金安桥项目复工 炼铁工业遗存将变现代活力社区》 | 原创 | 图 + 文 | 2020 - 04 - 05 |
| 《首钢园:一场视觉文化盛宴即将启幕》 | RE 睿 国际创意馆 | 图 + 文 | 2020 - 05 - 06 |
| 《首钢园 5 月 9 日起实名制预约开放》 | 原创 | 图 + 文 | 2020 - 05 - 07 |
| 《首钢园醒了,美好在路上》 | 原创 | 视频 | 2020 - 05 - 10 |
| 《酷酷酷！全民畅读艺术书店落户首钢园》 | 原创 | 图 + 文 | 2020 - 05 - 15 |
| 《月季园、群明湖、大跳台……这里五月鲜花开满园》 | 原创 | 图 + 文 + 视频 | 2020 - 05 - 23 |
| 《高炉里的高空溜索和“猴爬”,你玩过吗》 | 原创 | 图 + 文 + 视频 | 2020 - 06 - 03 |

从内容上看,"首钢园"发布的比较有影响力的主题和首钢园区举办的丰富多彩的活动相关。尤其是关于活动的介绍性图文,关注度较高。

从形式上看,图片和视频成了吸引大众眼球的主要手段,如《月季园、群明湖、大跳台……这里五月鲜花开满园》选用了首钢园区姹紫嫣红、气势恢宏的风景图片,令人赏心悦目,引得用户纷纷发表评论(如图7.3、图7.4)。

**图7.3　首钢园区风景a**

**图7.4　首钢园区风景b**

在关于园区活动的推送文章中,表现活动场景的图片以及具有示范性动作的图片也吸引了大量用户的关注(如图7.5、图7.6)。

图7.5 首钢园区活动场景

图7.6 首钢园区内景

从发布频次看，以 2020 年 5 月为例，该公众号就发布了 11 次推送。可见，该公众号与用户的“约会意识”还是比较强的，是一个较为活跃的公众号。

总之，与传统的媒介传播方式相比，微信公众号的特点主要有：吸引性、服务性、交互性，能够展示更多不同的内容，让用户获得声、画、影相结合的文化体验，使跨文化交流更加生动。但“首钢园”也尚有提升空间，如要利用新鲜、有趣、有意义、有意思的内容吸引人；要依靠清楚的信息讲解和介绍服务人；要利用开放式评论、可参与的设计增强交互氛围。

此外，首钢园还可以通过创制 App，在抖音等开设视频账号等方式搭建更多线上空间，让首钢园区以互联网精神家园的方式示人，形成立体化传播平台，以优质的内容、高品质的推文、有趣的视频作品、高雅的艺术气息吸引用户，并形成口碑效应。

## 第四节　加强区域合作　实现发展共赢

首钢地处北京市石景山区，首钢园区的发展应当注重与区域政府的合作，实现发展共赢。作为我国重要的重工业基地，石景山区的工业文化资源非常丰富。随着京津冀一体化步伐的加快、首都“四个中心”功能的重新定位和高精尖产业结构的调整，石景山区对未来的发展提出了新的定位和发展战略。2014 年，石景山区政府作出全面深度转型、高端绿色发展的重要部署。为了落实这一重大战略部署，石景山区大力发展新兴主导产业，将区域内工业资源的转型升级视为发展的重点。在冬奥组委进驻石景山区的契机下，石景山区加强生态文明建设，将打造高端绿色之区、创建靓丽区域名片列为地区发展的题中之义。

石景山区的工业文化资源时空分布相对集中，时间基本集中在新中国成立以后，地理分布基本以首钢园区为中心。这些特点为工业文化资源的整体保护利用提供了良好的条件。"京西八大厂"（如表7.3）中的一批传统工业遗产保留下来，它们见证了石景山区乃至北京市的工业发展历史，成为北京市最具典型意义的工业文化遗产资源群之一。

**表7.3 京西八大厂**

| 序号 | 厂名 | 简介 |
|---|---|---|
| 1 | 首钢 | 首钢集团是以钢铁业为主，兼营采矿、机械、电子、建筑、房地产、服务业、海外贸易等多种行业，跨地区、跨所有制、跨国经营的特大型企业集团。首钢总公司为母公司，下属股份、新钢、京唐、迁钢、首秦、长治、通钢、高新技术、机电等企业。为贯彻实施科学发展观，基于中国钢铁工业整体发展现状，2005年2月，国家发改委正式批复了首钢搬迁曹妃甸的方案。2011年1月13日，在北京石景山钢铁主流程停产仪式上，首钢获颁"功勋首钢"纪念牌。 |
| 2 | 北京第二通用机械厂 | 北京第二通用机械厂简称"二通厂"。经过13年的奋斗（1958—1971年），二通厂基本建成具有制造重型机械能力的企业；1982年，该厂发展成能为核电站制造锻件和为国际著名造船厂供货的大企业；2000年企业宣告破产；2010年石景山区政府按照"一轴一核一园一带多支点"的空间发展设想，促进二通厂与首钢合作，提出打造"中国数字娱乐第一区"蓝图设想。现今，一些知名的动漫企业入驻工厂，厂区变身为"国家创意产业实体——中国动漫游戏城"。 |
| 3 | 北京首钢特殊钢有限公司 | 北京首钢特殊钢有限公司主要由北京钢厂和北京特殊钢厂组合而成，是中国特殊钢重点生产企业之一。厂址位于石景山中部，占地面积达89.1万平方米，职工最高时达1万余人。 |

续表

| 序号 | 厂名 | 简介 |
|---|---|---|
| 4 | 石景山发电厂 | 石景山发电厂坐落于石景山北麓，西濒永定河和丰沙铁路，东南邻首钢，是北京的“动力之乡”，现称北京京能热电股份有限公司。 |
| 5 | 北京重型电机厂 | 北京重型电机厂始建于1958年，是华北地区最大的以生产火力发电设备为主的电站装备制造综合性企业，主要生产大中型电站汽轮机、汽轮发电机和电站辅机，以及大中型交流电动机、汽车改装车、电器产品和军工产品等。占地面积达150万平方米。 |
| 6 | 北京锅炉厂 | 北京锅炉厂始建于1951年，是国家重点锅炉制造企业，执有国家质量监督检验检疫总局核发的A级锅炉制造许可证、ISO9001质量体系认证书、美国ASME“S”“U”钢印及授权证书。 |
| 7 | 北京西山机械厂 | 北京西山机械厂又称“7312工厂”，坐落于石景山区黑石头西边，是石景山区最早的军工企业，其前身是1951年成立的华北军区后勤部军械部修炮所。 |
| 8 | 燕山水泥厂 | 燕山水泥厂位于永定河上莲石湖东侧，北侧靠首钢主厂区，南临莲石路，占地面积达43.75万平方米。该厂始建于1958年9月，2007年年底停产。 |

首钢在涉钢产业搬迁后留下的工业文化遗产，规模庞大、保存完好，其再利用价值在中国冶金行业中都是极为罕见和宝贵的。

首钢应加强与石景山区政府的战略合作，更好地建设“发展共同体”。石景山区政府也应该发挥老工业区搬迁改造试点等优势，在核心区开展土地综合开发，推动腾空厂房改造利用，合理安排土地开发时序；有序协调推进新首钢重点项目开发建设，努力将新首钢高端产业综合服务区建设成带动京西地区转型发展的新引擎和世界级老工业区转型发展的新典范。

## 第五节　文化产业项目建议

### 一、建设中国最大工业博物馆

虽然我国现在已有一座位于沈阳的中国工业博物馆，但是以新首钢高端产业综合服务区发展为契机，充分利用首钢主厂区 2 平方公里的炼铁区域、1.5 万平方米的工业特色建筑物和地上工业设施设备，按照 2012 年发布的《新首钢高端产业综合服务区控制性详细规划》，北京完全可以在此建设一座更大、更新颖、更具世界影响力的中国工业博物馆，并将其打造成中国冶金工业文化遗产示范基地、爱国主义教育基地和首钢文化传承基地；集中开发一、二、三、四号高炉及第一蓄水池所在区域的生产类建筑物与设施设备，如高炉、烟囱和众多的管线，将其打造成工业建筑风貌强烈、钢铁文化氛围浓厚的工业博物馆；利用现有的工业场馆，策划一些专题性较强的反映钢铁生产工艺的主题馆，让参观者以工人的角色参与其中，了解首钢工人的生产生活方式，活化首钢园区的历史感和真实感，激发参观者的参与感和认同感。

目前，以首钢三号高炉为改造主体的博物馆正在建设中。建成后，博物馆将立足京西，服务首都，面向全国，使自然山水和百年首钢工业遗址交相辉映，轰轰烈烈的钢铁生产场面与湖光山色有机结合，人与自然和谐统一，形成生态环境优美、创新创意活跃的高端要素聚集区，成为展示百年首钢工业发展史的标志性建筑。

这座工业博物馆一定要在内容上下足功夫，讲好首钢故事，讲好北京故事，讲好中国工业发展的故事。这里不应该只有展览，更应该有展示，有面向历史、现在和未来的展示。

## 二、建设首都最大科普教育基地

德国的鲁尔区是从工业基地转向高雅文化的典型代表。鲁尔区的成功转型，很大程度上要归功于其大力发展的科教和文化艺术事业。鲁尔区共有6所大学、12所学院和应用科学院，学生总计达15万人，这些机构在德国设立了40多家技术研究所和分支机构。鲁尔区的各种技术园内有600多家公司和机构，提供了近万人的就业岗位。北威州科学部部长把鲁尔区工业基地的改造概括为："一个从工厂到思想库的改变。"在文化艺术方面，鲁尔区有12家剧院、15个交响乐团以及各种歌舞表演酒吧、博物馆和艺术景点。鲁尔区在浓厚的文化艺术氛围中获得了发展，增加了就业。

首钢园区同鲁尔区的情况比较类似，首钢是历史悠久、门类专业、技术含量相对较高的企业，教育科普的意义很大，可以通过改造厂房设立教育基地；通过资料、展板、模型等进行展示，吸引政府机关、企事业单位人员，学生等特定人群团体参观。同时首钢老厂区地处全国政治中心北京，工业制造与科技、文化与物质生产结合紧密，因此工业旅游也是普及科学技术知识和提高中小学生素质教育的重要方式。首钢园区面积大，可以同高校、研究所探索丰富的合作形式。

## 三、建设国际动漫游戏体验谷

近年来，石景山区政府大力扶持文化创意产业，尤其是动漫游戏产业。全国网络游戏排名靠前的知名企业，如搜狐畅游、完美世界、昆仑在线等的总部或北方基地大多落户石景山区。石景山区还主办了“动漫北京”首届民族原创动漫形象大赛、第12届世界漫画大会等国内、国际具有影响力的动漫大赛。首钢可以在不改变原有空间结构的同时，有选择地保留历史建筑物和设施，把内部空间改造为适合办公、创作、设计等的空间单元，建设国际动漫游戏体验谷，形成新的以“动漫艺术、游戏文化”为主题的产业集群，将数字娱乐和高新技术完美融合。体验谷可以实景化打造虚拟游戏场景，将神秘未知、超越现实的遥远空间、黑洞帝国、恐龙历险等奇幻世界带入现实，让游客以主角的身份穿越“奇幻世界”。体验谷可以设置多个主题区，与石景山区企业开发的动漫游戏相结合，打造不同主题的动漫文化体验区，满足游客多元化的需求。

## 四、打造北京城市文化生态休闲示范区

北京历史文化底蕴浓厚，除了五朝古都的身份，这里还有独特的三个文化带。《北京城市总体规划（2016年—2035年）》在“历史文化名城保护”一章中提出要建设“长城文化带”“运河文化带”“西山永定河文化带”。其中，西山永定河文化带“是一个具有多重生态文化和历史文化属性的带状空间单元，占据了北京‘源文化’的先机”①。

在西山永定河文化带石景山段璀璨多姿的文化构成中，既有灿烂辉煌的传统文化，如吸引世界各地佛教徒朝拜的八大处灵光寺供奉的佛牙舍利、宫廷文化技艺瑰宝——法海寺的明代壁画、古都北京通往

① 胡晓钰. 西山永定河文化带：“源文化”开发的困局与破局[N]. 北京商报，2018-08-03.

“一带一路”西域国家的重要出城古隘口——模式口等，又有山水融合的生态文化与百年积淀的工业文化。

如今的首钢园区附近，青山绿水，再也没有京西八大厂生产时期的“浓烟重雾”。首钢园区应以开发西山永定河文化带为契机，整合首钢主厂区内的工业遗产和山水人文资源，通过开发一些新项目，将该区域打造成与钢铁遗址相呼应的绿色灵秀之地。比如，石景山古建筑群有一定的历史底蕴，同时有相当的规模，风景秀丽，距离市中心也不远，适合北京市民作为一日休闲出行的选择。但是石景山古建筑群在北京的知名度较低，本身没有非常吸引人的景点，所以还需要对其进行进一步的规划。再如，可以围绕首钢群明湖进行开发，通过对群明湖周边场地及建筑物的整治、修缮与提升，举办首钢灯光节、会展、演唱会等各种大型活动，彻底改变这一区域的空间环境景观效果，提升周边土地的开发价值，激发整个地区的活力，将该区域打造成集文化、艺术、旅游、休闲、娱乐等多种功能于一身的城市文化生态休闲示范区。

## 五、打造首都特色商业文化示范区

很多工业遗产建筑中的大空间，改造后可以用作会议厅、多功能活动中心等。例如，可以将一些厂区内的煤气储罐改造成潜水中心，锅炉房改造成设计中心，生产车间改造为现代艺术展厅或小型公司的办公场所，矿石料仓的混凝土墙壁改造为攀岩的载体，等等。充分发掘工业遗产中各种设施的空间潜力并赋予其新内涵，使工业遗产建筑设施发挥更高的效能，实现综合利用。这样既能保护工业遗产，也能在为公众展示工业历史文化的同时，给城市带来一定的社会效益和经济效益。

总之,在北京的工业文化版图中,首钢是最不容忽视的一笔,也是最值得期待的一笔。在 2022 年北京冬奥会的契机下,首钢园区进行了大规模的改造和升级,相信在不久的将来,这里将是冰雪文化、工业文化等各类优质文化发端、交流和汇集的地方,“首钢为首”(周恩来语)的篇章将不断被续写,被赋予新的意义!

# 结 语 >>

习近平总书记指出，要推动文化产业高质量发展，健全现代文化产业体系和市场体系，推动各类文化市场主体发展壮大，培育新型文化业态和文化消费模式，以高质量文化供给增强人们的文化获得感、幸福感。我国经济发展进入新常态，经济发展方式正从规模速度型粗放增长转向质量效益型集约增长。文化产业作为绿色产业、现代服务业，具有高知识性、高增值性、低资源消耗、低环境污染等特点，是新常态下经济发展的重要推动力。

作为首善之区的北京，是中国的文化中心，文化产业市场巨大，文化消费需求旺盛。北京的工业发展历史久远，资源丰富。在北京不断加强生态文明建设的今天，北京的工业资源为北京文化产业的发展提供了良好的契机。

"苦拟修文卷，重擎献匠人"，北京的工业文化创意产业发展应充分继承北京工业发展中的人文精神，将爱国、顾全大局、勇于奉献、有责任担当等内涵贯穿于文化产业的创新和经营中，使北京的工业资源在文化的滋润下有魂、有魄、有价值、有温度，重新焕发出逐梦活力和筑梦华彩！

# 附录：调查问卷 >>

## 北京工业旧址地区改造现状及其社会调查问卷

您填写的问卷只为我们研究所用，不会记录任何关于您的信息，所有问题的回答都无所谓对错，请把答案填写在相应的横线上或在选项编号上画“√”，您的回答对我们非常重要，恳请您认真如实填写。

衷心感谢您的支持和合作！

### 第一部分　基本信息

1. 您的性别：

A. 男　B. 女

2. 您的常住地：

A. 北京区　B. 京外

3. 您的年龄：

A. 18 岁以下　　B. 18—25 岁　　C. 26—35 岁

D. 36—50 岁　　E. 51 岁以上

4. 您的受教育程度：

A. 小学教育　　B. 中等教育　　C. 高等教育

5. 您的职业：

A. 国家公务员　　B. 企事业管理人员

C. 专业技术人员（如：医生、教师）　　D. 技术辅助人员（技术员、护士等）

E. 私营业主、个体户　　F. 商业、服务业人员

G. 农（林、牧、渔）民　　H. 进城务工人员

I. 学生　　J. 艺术爱好者

K. 军人　　L. 离退休人员

## 第二部分　主要内容

1. 您认为北京市工业遗产创意开发的条件及特点是（可多选）：

A. 北京的工业厂房建筑各具特色，各种不同生产工艺的工业装备都拥有自身的价值

B. 北京工业有着深厚的历史价值，集中体现了中国工业发展的光辉历程

C. 北京工业遗产在全国工业发展历程中占据一定的地位，是北京城市文化品牌的重要组成部分

D. 北京工业遗产丰富，大部分保存完好，可利用程度高，资源分布相对集中，便于产业集聚

2. 您知道原本废弃的工业遗产为什么会被改造成文化创意产业园区吗?(可多选):

A. 经济结构转型　　B. 产业结构调整

C. 符合生态可持续发展　　D. 工业遗产丰厚的文化底蕴

E. 新型高端产业的发展　　F. 市政系统的创新

3. 您认为文化创意产业入驻首钢园区、798 艺术区等给这些工业遗产地带来了哪些新价值?(可多选):

A. 通过对文化创意产业适应性、保护性和持续性的合理利用,增强工业遗产存在的合理性

B. 最大化地保留工业遗产地的风貌,并赋予工业遗产地以新的生命力

C. 展现工业遗产的独特魅力,挖掘其丰厚的文化底蕴

4. 利用北京工业资源转化形成的文化创意产业园区,您知道或去过的有哪些?(可多选):

A. 首钢园区　　B. 798 艺术区

C. 方家胡同 46 号文化创意产业园区

D. 751 D · PARK 北京时尚设计广场

E. 莱锦文化创意产业园　　F. 北京尚 8 文化创意产业园

G. 惠通时代广场　　H. 北京音乐创意产业园

I. 竞园　　J. 国棉文化创意产业园

K. 天宁寺文化创意园区　　L. 北京焦化厂工业遗址公园

5. 您对首钢园区、798 艺术区等由工业资源转化形成的文化创意产业园区有哪些方面的了解(可多选):

A. 形成历史　　B. 艺术氛围

C. 景区特色店铺　　D. 文化活动、展览或其他

6. 您认为适合北京工业遗产开发与保护的独特做法有（可多选）：

A. 建立现代艺术园区　　B. 建立主题博物馆

C. 打造商业消费街区　　D. 开发休闲旅游项目

7. 您对 798 艺术区的哪些部分比较感兴趣（可多选）：

A. 艺术中心　　B. 画廊　　C. 时尚店铺

D. 酒吧饭店　　E. 个人工作室　　F. 公司

8. 您到 798 艺术区最主要的收获是（可多选）：

A. 开阔了眼界，感受了多种文化

B. 欣赏、感受到了自由的艺术氛围

C. 交流艺术经验，学习艺术知识　　D. 放松了身心

E. 没什么收获　　F. 其他

9. 您去首钢园区的目的是（可多选）：

A. 了解冬奥文化　　B. 参观主题博物馆

C. 了解工业文化和历史　　D. 看演出

E. 拍照、取景　　F. 其他

10. 您在参观完首钢园区后，对工人的生产生活、生产工艺和生产流程以及企业的建筑风貌、厂区环境了解的程度如何？

A. 非常了解，收获颇丰

B. 了解，有一些收获

C. 一般，和我来之前了解的情况一样

D. 不了解，完全没有收获

## 第三部分　相关建议

1. 您认为首钢园区、798 艺术区对提升北京的文化氛围以及文化

吸引力的作用大吗?

A. 非常大,给城市带来生命力　B. 比较大,丰富市民的精神生活

C. 一般,没感受到什么影响　D. 没有作用

2. 您认为对首钢园区、798 艺术区工业资源的文化产业转化促进作用最大的是:

A. 政府的大力支持　B. 市民对文化生活的重视

C. 艺术工作者的群体行为　D. 经济发展

3. 作为由工业遗产改造的文化创意产业园区,您认为首钢园区、798 艺术区等文化创意产业园区的优势在于(可多选):

A. 独有的艺术氛围和历史感

B. 建筑和空间布局

C. 艺术品(包括艺术展和艺术活动)

D. 远离城市喧嚣

E. 创意产品

F. 可以免费观看展览,自由地欣赏艺术

G. 其他

4. 您认为 798 艺术区需要改进和加强的地方有(可多选):

A. 门面　B. 入驻机构　C. 文化艺术品价值

D. 创新性　E. 商业氛围　F. 硬件设施

G. 旅游引导　H. 其他

5. 您认为首钢园区未来的发展方向是(可多选):

A. 现代金融、商务服务区　B. 工业遗址公园

C. 文化创意产业园区　D. 宜居、绿色生态休闲区

E. 工业教育培训基地　F. 工业博览旅游区

6. 您觉得下列哪些途径可提升您对工业资源的文化产业转化利

用的关注与参与？（可多选）：

A. 加强宣传力度，利用文化创意产业园的集群效应，增加吸引力

B. 大力发展创意生活产业，拉近民众与产业之间的距离

C. 利用名人效应，举办创意先锋论坛

D. 增开创意成果体验展，让更多民众可以零距离接触到创意的衍生品，使创意产业化、实体化

E. 增加创意培训，鼓励民众参与

F. 其他

7. 请您为北京工业资源的文化产业转化利用提出一些改进意见：

再次感谢您的支持和合作！

问卷调查员签名：

# 主要参考文献>>

## 一、专著类

1. 金元浦. 文化创意产业概论[M]. 北京:高等教育出版社,2010.

2. 刘会远,李蕾蕾. 德国工业旅游与工业遗产保护[M]. 北京:商务印书馆,2007.

3. 王建国. 后工业时代产业建筑遗产保护更新[M]. 北京:中国建筑工业出版社,2008.

4. 张京成,刘利永,刘光宇. 工业遗产的保护与利用:创意经济时代的视角[M]. 北京:北京大学出版社,2013.

5. 李炯华. 工业旅游理论与实践[M]. 北京:光明日报出版社,2012.

6. 黄锐. 北京 798——再创造的工厂[M]. 成都:四川美术出版社,2008.

7. 王明友,李淼炎. 中国工业旅游研究[M]. 北京:经济管理出版社,2012.

8. 刘伯英. 中国工业遗产调查、研究与保护[M]. 北京:清华大学出版社,2019.

9. 侯聿瑶,陆地. 法国文化产业[M]. 北京:外语教学与研究出版社,2007.

10. 闻人军. 考工记[M]. 上海:上海古籍出版社,2008.

11. 李志英,宋健. 北京工业遗产研究[M]. 北京:北京师范大学出版社,2018.

12. 中国人民大学工业经济系. 北京工业史料[M]. 北京:北京出版社,1960.

13. 彭南生,严鹏. 工业文化研究(第1辑)——工业遗产:理论与实践[M]. 北京:社会科学文献出版社,2017.

14. 哈静，李超，解思雨. 沈阳经济区工业遗产空间格局[M]. 广州：华南理工大学出版社，2017.
15. 向勇. 文化产业导论[M]. 北京：北京大学出版社，2015.
16. 陈少峰，张立波. 文化产业商业模式[M]. 北京：北京大学出版社，2011.
17. 赵继敏. 城市文化创意产业发展研究：以北京为例[M]. 北京：科学出版社，2016.
18. 朱佩芬，裴登峰. 北京文化传播策略研究[M]. 北京：中国社会科学出版社，2015.
19. 工业和信息化部工业文化发展中心. 工匠精神——中国制造品质革命之魂[M]. 北京：人民出版社，2016.
20. 陈华文. 文化学概论[M]. 上海：上海文艺出版社，2001.
21. 首钢总公司发展研究院. 浴火重生[M]. 北京：人民出版社，2011.
22. 首钢总公司发展研究院. 凤凰涅槃[M]. 北京：人民出版社，2009.
23. 胡景山. 钢铁传奇[M]. 北京：中央文献出版社，2014.
24. 王新哲，孙星. 工业文化[M]. 北京：红旗出版社，2016.
25. 张京成. 北京文化创意产业发展报告(2018)[M]. 北京：社会科学文献出版社，2018.
26. 吴志强. 城市规划原理[M]. 4 版. 北京：中国建筑工业出版社，2010.
27. 政协北京市石景山区委员会. 石景山工业文化遗产[M]. 北京：北京日报出版社，2018.
28. 哈静，徐浩铭. 鞍山工业遗产保护与再利用[M]. 广州：华南理工大学出版社，2017.
29. 哈静，李超，解思雨. 沈阳经济区工业遗产空间格局[M]. 广州：华南理工大学出版社，2017.
30. 乔治桑塔亚纳. 艺术中的理性[M]. 张旭春，译. 北京：北京大学出版社，2014.
31. 于少东，李季. 中国经典文化产业园区[M]. 北京：中国建筑工业出版社，2015.

## 二、论文类

1. 王新哲,孙星. 工业文化概念,范畴和体系架构初探[J]. 西北工业大学学报(社会科学版),2015(1).

2. 沈望舒. 首都文化与首都文化建设[J]. 北京社会科学,2004(3).

3. 王国华. 发挥美对文化产业的引领作用[N]. 人民日报,2015 - 11 - 1.

4. 陈洁民,尹秀艳. 北京文化创意产业发展现状分析[J]. 北京城市学院学报,2009(4).

5. 王新哲,周荣喜. 工业文化研究综述[J]. 哈尔滨工业大学学报(社会科学版),2015(1).

6. 付业勤,郑向敏. 国内工业旅游发展研究[J]. 旅游研究,2012(3).

7. 赵晓荣. 人类学视野下的工业文化遗产保护和传承[J]. 天津社会科学,2010(9).

8. 刘伯英. 北京工业遗产的研究方法[J]. 城市与区域规划研究,2008(9).

9. 孔建华. 北京 798 艺术区发展研究[J]. 新视野,2009(1).

10. 潘顺案,刘继生. 东北工业旅游研究——振兴老工业基地的新视角[J]. 人文地理,2006(2).

11. 焦芳. 北京工业资源转化文化创意产业现状调查[J]. 中国经济周刊,2014(7).

12. 李林,魏卫. 国内外工业遗产旅游研究述评[J]. 华南理工大学学报,2005(8).

13. 董建锴. 工业精神的内涵及其培育[J]. 西安财经学院学报,2010(3).

14. 葛生. 工业遗产:留下城市记忆的年轮[J]. 广西城镇建设,2010(10).

15. 孟璠磊. 北京工业资源再利用型文化创意产业园初步调查与研究[J]. 北京规划建设,2015(9).

16. 李淑兰. 北京近代工业的产生和发展[J]. 北京师范学院学报(社会科学版),1991(3).

17. 党丽霞. 中国工程类科学纪录片的国际化视野[J]. 出版广角,2017(2).

18. 何巍. 大力传承和发扬首钢精神,推进首钢全面深化改革和转型发展[J]. 冶金企业文化,2016(5).
19. 于隽,张咏德,张晓萌,邹承东.北京工业文化产业转化的现状及发展策略[J].武汉冶金管理干部学院学报,2014(6).
20. 王晓侠.石景山区助力新首钢地区复兴的途径研究[J].中国工程咨询,2019(3).
21. 郭珍珠.北京市文化创意产业园区发展现状与趋势分析[J].现代营销(经营版),2019(3).
22. 金元浦,王林生.北京世界城市与国家文化中心建设研究综述[J].北京联合大学学报(人文社会科学版),2012(10).
23. 蒋金洁,刘光宇.后工业时代北京市发展文化创意产业的新路径[J].科技智囊,2012(8).
24. 张帆.宗白华谈技术美学[J].艺术研究,1985(3).
25. 向云驹.中华文明与建构人类命运共同体的关系[N].文艺报,2019-11-29.
26. 崇蓉蓉,魏星,何雅君.文化创意产业园发展现状研究——以北京798为例[J].赤峰学院学报(汉文哲学社会科学版),2019(4).
27. 仲呈祥.党的正确领导是文艺繁荣的根本保证[J].音乐传播,2019(8).
28. 万彬彬.中外科学纪录片叙事结构探析[J].现代视听,2012(6).
29. 史红.中国美学生态的特点与问题[N].中国社会科学报,2016-11-22.
30. 刘阳,严许媖.央视纪录频道节目的传播学分析[J].中国电视,2013(2).
31. 谢德炬,李立.工程科技纪录片类型化转型成功的奥秘——《超级工程》的调性和程式分析[J].现代视听,2019(3).
32. 高阳,王沙,郑仁华,杨岚.工业遗产题材的文创旅游纪念品设计[J].包装工程,2019(9).
33. 胡智锋.中国影视文化建设三思[J].现代传播,2005(6).
34. 张晶.新时代文艺美学的建构维度[J].现代传播,2018(2).
35. 董志刚.劳动与审美——马克思、海德格尔和杜威的劳动美学[J].南京社会科学,2017(3).

36. 徐李璐邑. 北京文化产业的现状分析与发展建议[J]. 城市学刊,2019(9).

37. 俞孔坚. 关于中国工业遗产保护的建议[J]. 景观设计,2006(4).

38. 单霁翔. 关注新型文化遗产——工业文化遗产的保护[J]. 中华文化遗产,2006(4).

39. 孙星. 工业发展的倍增剂和灵魂——工业文化的定义、起源与作用[J]. 企业文明,2016(3).

40. 范玉刚. 文化产业发展重在内容引导[J]. 瞭望周刊,2010(8).

# 后 记>>

在北京进行文化研究与文化创意产业研究,在资源方面是得天独厚的。作为世界著名古都,北京拥有丰富的历史文化遗产。除了文化中心之外,作为政治中心、国际交往中心和科技创新中心,北京又拥有先进文化的发展力和创新力。因而,在教学和科研中我常常会感慨,北京是最适宜“把论文写在大地上”的,因为北京给了我们太多灵感、兴奋和冲动。而这种写作也需要不断地观察、探究,发现再发现,深入再深入。

对北京的工业文化之所以产生浓厚的兴趣主要源于两个方面:首先,我工作的单位北方工业大学是一所以工为主、文理兼容的北京高校,地处北京市石景山区,濒临首钢园区,具有研究工业文化的历史基础和地缘优势。其次,我的家乡辽宁鞍山是中国重要的钢铁工业基地,被誉为祖国的“钢都”。从鞍山到石景山,从鞍钢到首钢,赋予了我太多钢铁情结、工业情结,也可以称得上是“挥之不去的乡愁”。

工业文化是人们在工业化进程中创造的物质文化和精神文化的总和,它与时代、人物和特色的行业活动密切相关。工业文化的核心,我认为不仅仅是器物和生产,更重要的是其中的“人化物”,即工业中的精神文化，它往往凝刻着一个城市历经沧桑、不断拼搏、积极求进的人文力量。这种力量和优质的精神素养深深地扎根在城市文脉和城市性格当中，是无论这个城市现今是否为“工业城市”，都应当保留和传承下去的宝贵财富。而保留和传承的途径之一就是发展工业文化创意产业，让工业文化中最具表现力的篇章以通俗的、审美的、体验的、生动的方式示人，让人们沿着这些感性的台阶深入工业历史的隧道中去探寻那些勇于奉献、勇于担当、勇于开拓、积极进取的“筑梦”“逐梦”故事……唯其如此，那些严谨的生产、冷峻的机器、枯燥的程序才会有温度、有价值、有灵魂，才会让我们更加懂得和珍惜！

这本小作之所以能够成型，要特别感谢北京市社科基金项目的资助，感谢北京市石景山区委区政府研究室的老师们提出的各种建议。感谢对我的研究做过重要批评与指教的北京科学技术研究院中国创意产业研究中心主任张京成教授，北京工业大学文化创意产业研究所所长王国华教授，首都师范大学史红教授，北方工业大学王文革教授、董树宝教授。感谢我的博士后导师中国传媒大学文学院院长、资深教授张晶先生。虽然毕业多年，张晶先生一直是我的良师益友，对我的许多研究他都持肯定和鼓励的态度。感谢为我的研究提供支持和帮助的北方工业大学文法学院院长刘泽军教授、刘祥坠副书记，感谢北京大学首钢医院张光武医生提供的摄影作品《首钢滑雪大跳台夜景》，感谢中国传媒大学出版社编辑张笛的辛苦付出。

在本书中，因为集结了一些案例和文化产业的相关理论，故可以作为高校文化创意产业、北京文化研究等课程的相关辅助教材。由于时间仓促和能力所限，本书还存在着一些缺陷和不足，比如，对北京三十余家工业旧址改造的文化创意产业园，没有进行逐一的细致分析；

由于外文能力有限,对于国外的案例尚未深涉。这些都将成为我日后继续探索和研究的方向。

本书完稿之时,恰逢中国共产党成立100周年盛典之际。在北京及国内许多地方调研时,我都特别为在党的领导下祖国今日的繁荣、兴盛感到自豪,江山如画、初心如虹,一切正当努力和奋进……

于隽

2021年7月1日

**图书在版编目(CIP)数据**

北京工业文化创意产业研究 / 于隽著. -- 北京:中国传媒大学出版社, 2022.4
ISBN 978-7-5657-3171-6

Ⅰ. ①北… Ⅱ. ①于… Ⅲ. ①工业产业—文化产业—研究—北京 Ⅳ. ①F427.1

中国版本图书馆 CIP 数据核字(2022)第 039275 号

**北京工业文化创意产业研究**
**BEIJING GONGYE WENHUA CHUANGYI CHANYE YANJIU**

| | | | |
|---|---|---|---|
| **著　　者** | 于　隽 | | |
| **策划编辑** | 张　笛 | | |
| **责任编辑** | 张　笛 | | |
| **责任印制** | 阳金洲 | | |
| **封面设计** | 拓美设计 | | |
| **出版发行** | 中国传媒大学出版社 | | |
| **社　　址** | 北京市朝阳区定福庄东街 1 号 | **邮　　编** | 100024 |
| **电　　话** | 86-10-65450528　65450532 | **传　　真** | 65779405 |
| **网　　址** | http://cucp.cuc.edu.cn | | |
| **经　　销** | 全国新华书店 | | |
| **印　　刷** | 唐山玺诚印务有限公司 | | |
| **开　　本** | 710mm×1000mm　1/16 | | |
| **印　　张** | 12 | | |
| **字　　数** | 190 千字 | | |
| **版　　次** | 2022 年 4 月第 1 版 | | |
| **印　　次** | 2022 年 4 月第 1 次印刷 | | |
| **书　　号** | ISBN 978-7-5657-3171-6/F · 3171 | **定　　价** | 58.00 元 |

**本社法律顾问:北京李伟斌律师事务所　郭建平**